Christian Friedrich Wilckens

Nachricht von seltenen Versteinerungen

Christian Friedrich Wilckens

Nachricht von seltenen Versteinerungen

ISBN/EAN: 9783743366213

Hergestellt in Europa, USA, Kanada, Australien, Japan

Cover: Foto ©berggeist007 / pixelio.de

. Manufactured and distributed by brebook publishing software (www.brebook.com)

Christian Friedrich Wilckens

Nachricht von seltenen Versteinerungen

Nachricht
von seltenen
Versteinerungen,
vornemlich
des Thier-Reiches,

welche
bisher noch nicht genau genug beschrieben und erkläret worden,

mit Kupfern.

In drey Sendschreiben

an

seine Gönner und Freunde

abgefasset

von

Christian Friedrich Wilckens,
Inspectore der Cotbusischen Diöces und
Pastore Primario.

Berlin und Stralsund
bey Gottlieb August Lange 1769.

Erstes Sendschreiben
an Seine HochEdelgeboren
T. Herrn
Fr. Heinr. Wilh. Martini,
der Arzneykunst Doctor:
worinn wahrscheinlich dargethan wird, daß
die Conchilioligisten eben keine Ursach mehr haben, das Petrefact, welches bisher unter der Benennung eines conchitae trilobi rugosi bekannt
geworden ist, als einen Theil ihrer
Wissenschaft anzusehen,
abgelassen von dem Verfasser.

Hochgeehrtester Gönner und Freund!

Es hat Ihnen gefallen in dem Magazin *), woran Sie mit so großem Vortheil für die Naturgeschichte bisher noch Antheil genommen haben, es mit einfließen zu lassen: daß ich von der so

*) s. Berlinisch Magaz. B. IV. S. 54.

„so genannten *Concha triloba rugosa* ein voll„ständiges Exemplar aufzuweisen hätte, und „folglich auch im Stande seyn würde, et„was gewisseres, als bisher darüber gesagt „werden können, dem gelehrten Publicum „mitzutheilen„. Vergeben Sie es mir, wenn ich aus Mangel Ihres Magazins nicht gerade Ihre eigene Ausdrücke iezt wiederholt habe! Und kaum hätten Sie so etwas schmeichelhaftes für mich schreiben können, wenn es Ihnen nicht die Freundschaft, welcher Sie mich seit einiger Zeit würdigen, also in die Feder gegeben hätte. Werden Sie aber auch wohl dieses so günstige Urtheil in der Zukunft gegen alle Einwendungen derer, die anders denken, in Sicherheit stellen können? Es sey aber damit, wie ihm wolle; so wird Dero gutes Hertz und das eifrige Verlangen die noch immer anzutreffende Dunkelheiten, selbst in der Kenntniß der Petrefacten, durch fremden Beitrag vertrieben zu sehen, Sie hinlänglich rechtfertigen können.

Das Petrefact, wovon Sie einige nähere Nachricht mitgetheilt zu sehen wünschen, gehöret würklich, wenigstens in unsern Gegenden, nicht nur unter die Seltenheiten auch der zahlreichsten und vollständigsten Cabinetter, sondern gar unter diejenigen Dinge, davon bisher wenig richtiges und gewisses hat gesagt werden können.

Selbst

Selbst der große Schwedische Naturforscher, ich meine den Herrn Ritter von Linné, hat besonders des lezten Punctes wegen, ein sehr aufrichtiges Geständniß mitzutheilen sich zur Ehre gemacht. Nicht nur giebt er derjenigen Versteinerung, die mit allen meinigen, bey aller Verschiedenheit, dennoch eine sehr große Aenlichkeit hat, den Namen Entomolithus parodoxus *), sondern er lässet sich auch noch darüber also heraus:

„Unter unsern Versteinerungen ist fast
„keine gemeiner, als *Entomolithus parado-*
„*xus* (*Muf. Tefsin p. 98. n. 3.*), die in Ost-
„und Westgothland, in Schonen, und
„auf Oeland ꝛc. in Kalk, Orstein, und
„Schiefer, so häufig liegt, daß ganze
„Klippen daraus zu bestehen scheinen.
„Sie gleichet zuweilen Insecten mit Flügel-
„decken (*coleopter.*), die nicht größer als
„Erbsen, oder Bohnen, wären, und an
„andern Stellen findet man sie so groß, als
„eine Hand, und noch größer. Fast keine
„andere Versteinerung ist schwerer zu er-
„klären oder so deutlich auszulegen, daß
„man daraus die vollkommene Bildung
„einsehen kann; deswegen auch die Na-
„tur-

*) s. Schwed. Magaz. Band XXI. S. 20. Desselben Reisen durch Oeland, teutsche Ausgabe, S. 162. Tab. I. fig. III. Reisen durch Westgothland nach derselben Ausgabe, S. 102. Tab. VI. fig. C.

„turforscher noch jetzo nicht wissen, zu
„welcher Classe, noch viel weniger zu wel-
„chem Geschlechte sie zu bringen ist, son-
„dern diese Versteinerung für die schwe-
„reste zu untersuchen halten, bey der sie
„gleichsam eifern, wer die Sache ausma-
„chen kann.

Warum ist es denn aber so schwer bey diesem Gegenstande die Wissensbegierde zu befriedigen? Unstreitig mit daher; weil selbst in den Schwedischen Provinzen bey aller Menge derselben fast gar keine Stücke gefunden werden, die so rein, so deutlich und so vollständig wären, als sie der Naturforscher zu sehen wünschet. Ohngeachtet Jhro Excell. der Graf Tessin geflissentlich eine Sammlung davon machen lassen; so hat der Herr Ritter von Linné nur etwa drey Stück einer Abbildung werth geachtet; und selbst unter diesen scheinet nur das in der ersten Figur allein ein vollständiges zu seyn *).

Und wie wolte ich mich nun freuen, wenn es mir solte geglückt seyn, in meiner an sich sehr einge-

---

*) s. Schwed. Magaz. l. c. Tab. I. fig. 1. Die in der Zeichnung angegebene Fühlhörner, so was sonderbares sie sind; so vielen Zweifel haben sie bey diesem und jenem an der Richtigkeit der Vorstellung erwecket. Solte denn aber wol der große Schwede dichten und unter seiner Aufsicht Bilder malen lassen?

eingeschrenkten Sammlung solche Exemplare bisher aufbehalten zu haben, die sowol Dero eigenen als auch anderer Erwartung einiges Gnüge thäten. Wenigstens sind sie rein und deutlich, und geben einige Anweisung zum Nachdenken, wenn sie gleich nicht die Ehre der vorzüglich vollständigen Exemplarien auf immer solten behaupten können.

Ich will sie aber dennoch, bis sich bessere finden, und um sie von weniger vollständigen, die ich auch besitze und in der Folge mit berühren werde, desto besser unterscheiden zu können, vor der Hand als Ganze von Jhnen betrachtet wissen, und bitte mir nur die Erlaubniß aus, die sämtlichen Zeichnungen derselben, die Sie von A bis Q sehen, und für deren Richtigkeit ich stehe, mit einigen erläuternden Anmerkungen begleiten zu dürfen. Solten diese gröstentheils sehr trocken ausfallen, wie es denn wohl nicht anders seyn kann; so weiß ich im voraus, daß Sie sich dadurch nicht werden abhalten lassen, sie alle zu lesen. Einem Freunde und einem Naturforscher fehlet es ja weder an Geduld, noch an Hofnung, es künftig besser zu finden.

Eigentlich sind es fünf vollständige Exemplare, die ich aufbeware. Die zwey vorzüglichsten darunter sehen Sie in den Abbildungen von A bis H; wovon das erste nach fünf verschiedenen

Lagen

Lagen von A bis E; das zweyte aber nach eben so verschiedenen Lagen von F bis H vorgestellet ist. Sie sind beyde so groß, als die Vorstellung sie weiset, und fast Kugelrund, als welches auch in den Zeichnungen D E am deutlichsten ausgedruckt ist. Der mitlere Rücken (lobus) ist vorzüglich gewölbet und raget daher über die beyden Nebenrücken (lobi exteriores) merklich hervor. Welch einen bewundrungswürdigen Bau entdecket aber nicht hier schon das ungewafnete Auge! Es lässet vollkommen so, als wenn drey gekrümte Raupen oder Würmer ihr spitzigausgehendes Ende oder Schwanzklappe unter ihrem Kopfe zu verbergen gesuchet, und in dieser Richtung sich an einander angelehnet hätten, aber auch in dieser Lage verschrumpft und verdorret oder erhärtet wären; denn warum solte man sich nicht vorerst die Theile (fig. a. b. c. in A und E) als die Köpfe von so viel verschiedenen Raupen vorstellen? da das übrige von ihnen so viel Aenlichkeit mit einer erhärteten Raupe oder Wurme hat, und wie Sie in der Figur A und B sehen können, diese sogenannten Köpfe mit dem übrigen Leibe oder Rücken eben so genau zusammen hängen, als alle die andern Glieder desselben, woraus er sonst zusammengesetzet ist. Ueberdem ist wahr, daß die drey Rücken mit ihren drey Köpfen keinen unmittelbaren Zusammenhang unter einander zu haben scheinen, und wohl gar in gewissen Plätzen z. E. in fig. d bey A etwas von einander abstehen. Ich sage damit

mit nicht, daß Sie sich hier drey versteinerte an einander gebackene Würmer denken sollen. Ich wolte nur blos die erste Idee, welche dieser Körper uns beybringet, ein wenig berühren. Lassen Sie uns aber das Bild einer Raupe allenfals gantz wegthun, und blos einen Rücken nach den andern, und was sonst dabey vorkomt, ein wenig genauer in Betrachtung nehmen. Von dem mitlern Rücken will ich anfangen. Dieser bestehet aus 20 besonders an dem breiten Ende gantz sichtbaren erhabenen und gekrümten Gelenken der Ribben, die ich einzeln, der Figur nach, nicht besser als mit den Krumhölzern oder Hängestöcken, woran die Schlächter ihr getödtetes Vieh aufhängen, zu vergleichen weiß. Zwischen einem jeglichen solchen Gelenke oder Gliede stehet in der Mitte eine gewölbte Erhöhung, die in die Holung des gekrümten Hängestocks volkommen einpasset, oder sich genau daran anschließet, ohne jedoch eben mit ihm zusammen zu hängen. Vielmehr sitzet sie dem drunter stehenden Hängestock auf seiner grösten Erhebung in der Mitte unmittelbar, als ein Theil von ihm an, und füllet in der Zusammensetzung die Hohlung des vorhergehenden gekrümten Gelenkes aus. Nicht nur aber das, sondern sie gehet auch wohl, wie es scheinet, ein wenig unter ihm weg. Eine jegliche von diesen Untersätzen wird aber dennoch von demjenigen Hängestock, auf welchem sie sitzet,

mittelst einer kleinen Furche unterschieden (s. fig. F. lit. bb). Dieses alles siehet man aber nur allein deutlich mit dem Suchglase; und damit Sie es auch sehen können, so habe ich Ihnen ein paar solcher Glieder oder Ribben mit ihren Untersätzen nach ihrem Verhältnisse gegen einander besonders in fig. I. abzeichnen lassen. Man könnte also den ganzen Rücken nicht unschicklich mit dem Rückgrad eines Thieres vergleichen. Da die Gelenke an der Spitze (s. in fig. D. lit. f. und fig. H. lit. f.) immer kleiner werden und so dicht auf einander folgen, daß man sie nicht mehr ganz genau zehlen kann, daher denn auch ihrer wohl 24 an der Zahl angenommen werden können; so fallen die Stützen oder Untersätze zwischen ihnen daselbst gänzlich weg, und die Gelenke selbst werden mehr geradlinigt. Daß diese Rückengelenke am breiten Ende desselben, besonders da, wo sich die beyden Seitenrücken anlehnen, von einander abstehen, ja so gar zwischen sich gewisse Vertiefungen verursachen, oder unausgefüllt lassen, das darf ich nicht erst sagen; da es die beygelegte Figuren einigermaßen deutlich machen. Es ist aber auch daher der ganze Körper etwas rauh und hockerigt anzufühlen. Das merkwürdigste an diesem mitlern Rücken ist aber wohl der Theil, den ich unter jene zwanzig Gelenke noch nicht mit gezehlet habe. Vorher nannte ich ihn den Kopf einer verschrumpften Raupe, weil ich einmal die Raupe in Gedanken hatte. Jetzt will
ich

ich ihn mit einem Flaschenkürbiß, oder noch
besser mit einem kleinen platten Fläschgen,
welches zu jeder Seite drey Knöpfe oder Handhaben hat, davon die zunächst am Leibe stehenden die grösten sind, vergleichen. Habe ich gleich
anfänglich gesagt, daß dieser Flaschenförmige
Theil an dem übrigen Rückentheil fest anschließe;
so muß er sich doch auch eben so leicht davon trennen können; denn man findet ihn unter den Versteinerungen zuweilen einzeln. Ich habe ehedem
dergleichen aufbehalten gehabt, und Hermann
in seiner Maslographie hat einige derselben,
die sehr viele Aenlichkeit mit dem gegenwärtigen
haben, auf der XIten Tafel n. 44. und auf der XIIten
n. 31. abgezeichnet. Wie unrecht er aber geur-
theilt habe, wenn er diese Körper, die er selbst
S. 221. wie runde auch längliche Fläschel
mit einem Halse und zweyen Handhaben
oder Henkeln beschreibet, dennoch als Echinitas cordatos minimos canaliculo singulari do-
natos aufführet, und zum andern mahl S. 227.
Echinitas instar lagenulae ansatos superne canaliculo ornatos benennet, darf ich nun nicht
noch erst sagen.

Ich komme denn auf die beyden Seitenrücken (lobi exteriores). Sie sind sich beyde vollkommen gleich, einen kleinen Umstand ausgenommen. Und also kann ich sie mit einer einzigen Beschreibung abfinden. Hier sind bey dem
ersten Stücke, so von fig. A. bis E. abgezeichnet

ist

ist, 19 Gelenke, und bey dem andern, welches fig. F. bis H. vorstellet, 15 derselben, die ich zehlen kann. Sie gehen, wie die Zeichnung weiset, besonders nach der Gegend des Kopfes zu, ein wenig gekrümmet; da sie nach der Spitze zu mehr geradlinigt werden. Eine jegliche derselben ist in der Gegend, wo sie auf ein Gelenke des mitlern Rückens stoßet, am breitesten, aber auch gespalten (bifidus), wenigstens sind sie fast auf die Hälfte ihrer Länge mit einer Furche versehen; Eine Furche, die auf beiden Seiten des mitlern Rückens seiner ganzen Länge nach herabgehet, verursachet, daß sie sich blos an demselben anzulehnen scheinen, ohne unmittelbar mit allen Gelenken desselben zusammen zu hängen. Diese Gelenke der Seitenrücken fallen auch flächer aus, als die Gelenke oder Hängestöcke des mitlern Rückens. Fieng sich nun dieser mit einem Flaschenähnlichen Körper an; so fangen sich die beyden Seitenrücken mit einem Körper an, der mit einem Fischkopfe viel ähnliches hat. Diese Idee fält einem um so leichter bey, weil der eine Fischkopfförmige Theil nach seiner zugespitzten Seite eine kleine Vertiefung oder Grübchen, gleich einem Auge, zu sehen giebt (S. fig. B. lit. g. und G. lit. g.).

Der Compagnon von ihm hat aber dieses Auge nicht. Und eben dieses ist der kleine Umstand, dessen ich zuvor gedachte. Ich würde desselben kaum erwehnet haben, weil es sich ja leicht

leicht annehmen lässet, daß die Schale oder Haut des Thieres hier etwas beschädiget seyn könne. Da ich aber in dem zweyten vollständigen Exemplare, welches die Figuren F. bis H. vorstellen, ebenfals ein dergleichen Grübchen, jedoch auf dem zur rechten Seite stehenden Fischkopfförmigen Theile gewahr worden bin; so habe ich dasselbe einem bloßen Zufalle zuzuschreiben fast Anstand genommen. Je unbekannter die Steinkundige noch bisher immer mit diesem Petrefact gewesen sind, und vielleicht auch weiterhin bleiben werden, je nöthiger schien es mir, nichts bey der Beschreibung desselben aus der Acht zu lassen; ob ich wohl an der Erheblichkeit der Bemerkung gern selbst zweifle. Außer diesen drey Stücken (lobis), die das Petrefact ausmachen, ist aber noch ein viertes wesentliches Theil desselben von mir anzuzeigen. In der Figur C. sehen Sie es bey hh. nur sehr undeutlich, weil nicht mehr hat abgezeichnet werden können, als davon würklich noch da war. In der Figur F. bey ii. werden Sie es aber nach seiner ganzen Größe, Vollständigkeit und Lage antreffen. Es gleichet vollkommen einem runden Hängestock der Schlächter, stehet erhaben heraus, sondert die Schwänze und Köpfe der drey gekrümten und erhärteten Raupen von einander ab, oder giebet vielmehr Gelegenheit, daß die drey Spitzen der drey Rücken sich darunter wegkrümmen und verbergen können. Da es aber weder die drey Köpfe noch die drey Schwänze oder Spitzen als

höch-

höchstens in der Gegend der Fischkopfförmigen Theile um ein weniges mit seinen Enden unmittelbar berühret und ein besonderes Theil, vielleicht wohl gar den Riegel oder das Schloß des aus mehreren Theilen zusammengesetzten Körpers auszumachen scheinet; so hat es bey meinem ersten Exemplar leicht verlohren oder stark beschädiget werden können.

Werden Sie aber nicht bald sagen, daß ich aufhören soll? Und so unrecht thäten Sie nicht daran. Zu allem Glück weiß ich eigentlich nichts erhebliches mehr anzugeben. Aber nein, ich muß auch noch hinzuthun, daß Sie sich hier keine Steinkerne, sondern die Petrefacten selbst denken müssen. Man siehet dieses bey dem Exemplar, A. bis E. am deutlichsten; ob wohl der Mahler, um die Figur nicht ohne Noth zu verstümmeln, nichts davon hat anzeigen müssen. Es ist nehmlich der eine Seitenrücken seiner Schale ein wenig beraubt, so daß man die Schale selbst, und den geformten leimigten Kern, welchen sie einschließet, ohne alle Mühe unterscheiden kann. Diese Schale ist aber braun, etwas glat, glänzend, dabey schilferigt, beinigt und hornigt, so wie man sie bey gewissen Austern und Ammonshörnern unter den Versteinerungen zu finden pflegt, und nicht gar zu dünn; daher sie denn auch in solchen Stellen, wo die Gelenke getheilt oder gefurcht sind, in dem Steinkern merkliche Vertiefungen zurückgelassen hat. Die Farbe
des

des zweyten Exemplars (s. fig. F. bis H.) ist mehr grau als braun, und gleichet einem Steinkerne, ohne es doch zu seyn. Und nun will ich Ihre Geduld mit diesen beyden Stücken nicht weiter ermüden.

Lassen Sie uns so gleich zu dem dritten, welches Sie in fig. K. L. M. nach verschiedenen Lagen abgezeichnet finden, übergehen. Aus der Zeichnung bey L. M. werden Sie schon sehen können, daß es nicht seine ganze Vollständigkeit habe, sondern des spitzern oder untern Theiles gänzlich beraubet sey. Wenn man aber jene vollständige Exemplarien gesehen hat; so kann man diesen Mangel sich selbst bald in Gedanken ersetzen. Der Haupttheil ist denn doch noch gerettet worden. Da Sie in der Zeichnung die drey Rücken und was sonst dem sogenannten Conchitae trilobo eigen ist, sehen können; so will ich nur blos dasjenige mit Jhnen kürzlich durchgehen, was den Unterschied desselben von jenen obgedachten beyden Exemplarien ausmachet.

1) Dort war die Schale braun, hornigt und etwas stark; hier ist sie weiß, andern calcinirten Muschelschalen ähnlich, aber so dünn, wie eine Haut; daher sie auch an vielen Stellen fehlet, und den unter ihr liegenden grünlicht grauen glatten Steinkern ins Gesichte bringt.

2) Dort giengen die Gelenke des mitlern Rückens gekrümmet und merklich erhaben über seine ganze Breite weg; hier sind sie fast geradlinigt,

linigt, kaum ein wenig gekrümmet, und nur ein wenig erhaben, stehen auch nur auf der Mitte des Rückens (s. k. in fig. K.); es müste denn seyn, daß das übrige von ihnen abgestoßen worden wäre, welches aber anzunehmen die noch anzutreffende Gleichheit sämtlicher mit weißer Schale bedeckter Gelenke kaum zuläßet.

3) Die Untersätze in der Mitte der Gelenke dieses mitlern Rückens sind hier blos kleine Strichlein; da sie bey jenen ein ganz anderes Ansehen und Zusammenhang hatten.

4) Der mitlere Rücken war dort eben so breit und noch breiter, als die Seitenrücken. Hier ist er ein gut Theil schmaler als diese, ob er gleich der Wölbung nach über sie hervorraget.

5) Auf den Seitenrücken sind hier die Gelenke nur flache Strichlein ohne gespalten zu seyn und werden mit kürzern Strichlein, die zwischen innen stehen, abgewechselt.

6) Ob und wie diese Gelenke der Seitenrücken mit den Gelenken des mitlern Rückens zusammenhängen, kann ich Ihnen nicht sagen, da die Gegend, wo man dieses sehen solte, von der Schale gänzlich entblößet ist; und eben so wenig kann ich

7) Von dem Flaschenförmigen Theile des mitlern Rückens etwas gedenken; da man in dieser Gegend blos den Stein, und weiter nichts siehet. Daß indessen dergleichen etwas hier gewesen sey, davon zeuget nicht nur der kleine länglichte herzförmige Theil der dünnen weißen Schale, den ich

ich mit lit. l. in Fig. K. bezeichnet habe, sondern auch vornehmlich die Gegenwart der Fischkopfförmigen Theile, in den beiden Nebenrücken, welche mit m. und n. in der fig. K. und mit o. p. in der fig. L. M. bezeichnet sind. Genug also auch von diesem Exemplar.

Das vierte, so klein es ist, so verdient es dennoch seiner mehrern Vollständigkeit wegen ebenfals Dero Aufmerksamkeit. Die aus verschiedenen Gesichtspuncten genommene Abbildungen desselben sind mit den Buchstaben N. O. P. Q. Q. Q. bezeichnet, und gleichen vollkommen seiner Größe. Es stellet nehmlich fig. N. die Oberfläche; fig. O. die Unterfläche des liegenden Körpers vor; gleichwie fig. P. nach der breiten obern Seite, und fig. Q. nach der untern spitzen Seite, beyde gerade vors Auge gehalten, abgezeichnet sind: die fig. QQ. lässet uns aber den spitzen Theil von der Seite und meist schräg sehen. Ohngeachtet dieser Körper aber klein und mehr platt als Kugelrund ist; so hat er dem ohnerachtet mit den beyden ersten schon beschriebenen, nicht nur die größte Aehnlichkeit, sondern dienet auch so gar eins und das andere darinn richtiger und genauer einzusehen.

Es finden sich auch hier die drey Rücken (f. lit. a. b. c. in fig. N. und O.), die Untersätze unter den Gelenken des mitlern Rückens, die Fischkopfförmigen Ansätze der Seitenrücken (f. lit.

(f. lit. d. e. in fig. N. und Q) und der dem mitlern Rücken zugehörige Ansatz, ob er gleich nicht hier so deutlich als ein Fläschgen mit seinen Knöpfen, sondern vielmehr als ein fortgehender Rückgrad mit anstehenden Gelenken, die aber kürzer als die übrigen nachfolgenden in dem Rücken selbst sind, erscheinet (f. lit. F. in fig. N. und Q.). So ist auch der Schlußriegel oder Hängestock, welcher gleichsam die Köpfe und Schwänze der drey Wurmgestalten absondert, hier sehr deutlich zu sehen. (f. lit. gg. in fig O. und Q.). Das Verschiedene von jenen zwey ersten Stücken ist aber noch darin zu setzen 1) daß der mitlere Rücken mit den Seitenrücken fast von gleicher Höhe erscheinet, und ihre Breite nicht hat. 2) daß die Gelenke des mitlern Rückens und der Seitenrücken zwar gerade auf einander passen, aber theils weiter von einander abstehen, und die Vermuthung, daß sie sich mehr an einander anlehnen als unmittelbar zusammenhängen, bestätigen, theils in den Gelenken der Seitenrücken keine Spalte oder Furche an dem Ort ihres Anlehnens gesehen wird. Ueberdem zehlet man nur 3) 12 Gelenke in den Haupt- und Nebenrücken. Man würde ihrer aber gewiß mehrere haben zehlen können, wenn nicht 4) ein Theil derselben oder die Spitze aller drey Rücken zusammen geschrumpft wäre, wodurch denn zwey Vertiefungen entstanden sind, so daß man den darüber liegenden Stein zu sehen bekommt; davon die eine

schmal

schmal (s. lit. h. in fig. Q.), die andere aber breiter und gewölbter ist, bis an den Schlußriegel gehet, und einem geöfneten Fischmaul vollkommen ähnlich siehet (s. lit. i. fig. Q.). Zwischen diesen beyden Vertiefungen liegt der zusammengeschrumpfte Theil als ein Hocker, welches durch den lichten Fleck, worauf lit. k weiset, angegeben ist.

Alle diese Bemerkungen scheinen große Kleinigkeiten zu seyn und machen meinen Vortrag allerdings sehr trocken. Dennoch aber denke ich, daß sie uns einigen Aufschluß zu dem Geheimniß geben können, wie dieser kugeligte Körper, wenn er anders auch in seinem Leben diese Gestalt gehabt hat, der Nahrung halber und sonst sich habe öfnen können. Ich werde nachher dieser Bemerkungen mich wieder bedienen, und zeige nur noch an, daß dieser kleine Körper ebenfals noch seine natürliche braune hornartige Schale behalten habe. In fig. QQ, als wo er überschräg vorgestellet ist, sehen Sie aber vorzüglich deutlich, nicht nur, wie der Schlußriegel lit. kk, um den Fläschel- und Fischkopfförmigen Theil sich herum schlinget, sondern wie er auch, in der Gegend (lit. l.) von dem einen Seitenrücken ein wenig abtrit, als welches die Vertiefung daselbst anzeigen soll. Gewiß ein Umstand, der nicht aus der acht zu lassen war.

Von dem fünften Exemplar habe ich Ihnen nicht viel zu sagen; es ist mit dem vierten der

B   nehm-

nehmliche, nur daß er zerdruckt und zerknickt, folglich auch in den Gelenken des Hauptrückens und der Nebenrücken noch mehr aus einander getrieben ist. Ich habe denselben aber dennoch in einer dreyfachen Abbildung nach diesem seinen Schicksal so gut als möglich, ob wohl unvollkommen gnug, vorstellen lassen (s. fig R. S. T.), weil es ebenfals einige Belehrung von seiner Natur darbieten kann. Uebrigens ist auch diesem seine natürliche hornartige Haut oder Schale geblieben.

Was ist denn nun aber das Resultat von allen diesen kleinen Bemerkungen? Wie wird das Original dieses Körpers von mir etwa angegeben werden können und müssen? Ist es eine Schnecke? Ist es eine Muschel? Eine zweyschalige, oder eine solche, die aus mehreren Schalen bestehet? Oder ist es wohl gar ein Geschöpf, das zu den weichschaligen und mit einer lederartigen Haut versehenen Thierarten gehöret? Dieses alles, ich kann es leicht denken, werden Sie von mir hören wollen, nicht um sich zu belehren; denn wie vermögte ich dieses? und wie könte Ihnen oder mir dieses auch nur einfallen? sondern nur als mein Freund mit Grunde sagen zu können, daß ich aus Gefälligkeit gegen Sie mir einige Mühe gegeben hätte meinen Gegenstand gehörig zu verfolgen.

Ich gestehe aber gern, daß ich zu furchtsam bin Ihnen mit bloßen Muthmaßungen beschwerlich

lich zu werden, und daß ich meine Schwäche in der Kentniß der Natur bey diesem Punct nur gar zu sehr fühle. Wenn ich gewiß wüste, daß Sie freundschaftlich ausstreichen und bessern wolten, was lediglich von meiner unvollkommenen Einsicht in das Ganze der Natur zeugt; so wagte ich es doch wohl Ihnen meine unreife Gedanken hierüber mitzutheilen. Und hier sind sie; jedoch blos um mich von Ihnen oder einem andern Steinkundiger zurecht weisen zu lassen.

Aber ich muß vorher Ihre Geduld noch dadurch weiter prüfen, daß ich ihnen von den weniger vollständigen Stücken meines kleinen Cabinets, die alle, so wie jene, auf Pommerschen Grund und Boden, und besonders vom Stargardischen Felde aufgehoben worden sind, auch etwas vorschwatze. Stücke und Theile gehören zum Ganzen. Und was Natur und Schicksal zerlegt hat, das erspart uns die Mühe es zu thun. Ueberdem gehören auch die einzeln Theile der bisher so genannten Conchae trilobae striatae vel laevis zu den Seltenheiten einer Steinsamlung, wenigstens in unserer Gegend.

Ich fange mit derjenigen Figur an, die Sie mit I. und vergrößert in fig. II. vor sich sehen. Und kann wohl was regelmäßigeres und schöneres seyn? Die Spitze eines Frauenzimmer-Pantoffels oder einer Schnürbrust würde das Bild seyn, das ich wehlen würde, wenn ich Sie durch ein zweytes Bild zu unterhalten Lust hätte.

Was kann dieses aber groß nutzen? Sie betrachten lieber, ich weiß es, den hier etwas veränderten Bau. Und da die vergrößerte Vorstellung Ihnen hinlänglich zeiget, daß in dem mittlern Rücken, und in den beiden Seitenrücken gekrümmte Ribben oder Gelenke angetroffen werden, wie auch daß zu einer jeden Ribbe der Nebenrücken, die zusammen durch die Zahl zwölfe bestimmt werden, zwo dergleichen in dem etwas erhabenen und schmalern Mittelrücken gerechnet sind; so darf ich Ihnen nicht erst sagen, daß daselbst 24 solche Ribben, ohne einen Untersatz zwischen sich zu haben, anzutreffen seyn. Obgleich die Ribben der Seitenrücken von den doppelten in dem Hauptrücken abstehen, und mittelst der bekannten zwey Furchen abgesondert werden; so gehet doch die auch in diesem Stücke noch ansitzende natürliche weiße Schale (denn so scheinet es) in den Furchen fort und nöthiget uns den Zusammenhang dieser Ribben aller drey Rücken anzuerkennen. Der mit lir. a. bezeichnete Theil ist ein Stück eines weißen Selenitischen Kalksteines, woraus der ganze Körper auch bestehet.

Ein zweytes Bruchstück liefert Ihnen fig. III. Es sitzet mit seiner natürlichen weißen dünnen Schale auf einem gelbweißen feinen Kalksteine, gleich als wenn es aufgeleimet wäre, fest an. Die Seitenrücken gehen abwärts, so daß sie mit dem etwas erhabenen Mittelrücken einem Obdach

dach gleichen. Diese Art ist von denen, die sich den fast glatten Käfermuscheln, wie man sie nennet, nähert; indem blos zarte Furchen die an sich glatte Flächen in Ribben oder Gelenke, besonders an den zwo Seitenrücken, theilen. Der mittelste Rücken ist viel schmaler, als die Seitenrücken, aber auch etwas kürzer; das heißt: er gehet nicht mit der ganzen Länge der Schale gleich aus, sondern lässet noch einen Theil Schale frey. Dieser Theil Schale zunächst an der Spitze ist glatt, wie denn auch ringsherum an den Seitenrücken etwas Schale, glatt und ungefurcht geblieben ist, ohne doch sagen zu können, daß etwas, so einem Muschelrande ähnlich sähe, davon anzutreffen wäre. Etwas eigenes bey diesem Exemplar ist es, daß die flachen Ribben der Seitenrücken, deren meist so viel sind, als es Ribben in dem Mittelrücken giebt, wie sie denn auch auf einander passen, unter einem schiefen Winkel anstehen, als welches in der fig. III. nicht hinlänglich angezeiget worden ist.

Die IVte Nummer stellet Ihnen ein vollkommen ähnliches auf einem grauen dichten Kalksteine dar. Der mit lit. b. bezeichnete und mittelst einer gekrümmten Linie bemerkte Theil weiset auf den Ueberrest der noch aufsitzenden dünnen grauweißen, natürlichen Schale. Ich würde Sie mit dieser Zeichnung verschonet haben, wenn ich nicht die Gelegenheit hätte mitnehmen wollen mit Ihnen zu bemerken, daß die hier als flach,

flach, glatt und nur mit zarten Streifen verſehene Schale, die in ihren Theilen gleich einem Ziegeldach über einander lieget, in dem entblößten Steinkern, dennoch weit tiefere Furchen zurück gelaſſen habe, als man äuſſerlich hätte urtheilen ſollen. Was daraus wegen der untern Fläche der weißen dünnen Schale, die dem Steinkern unmittelbar aufliegt, folge, wiſſen Sie ſchon. Von einem Muſchelrande oder halbzirkelförmigen Umkreiſe um dieſen Körper herum bin ich nichts gewahr worden.

Nun aber werde ich auch ſolche, die mit andern, beſonders runden, Muſchelſchalen eine mehrere Aehnlichkeit haben, theils weil ſie mittelmäſig gewölbet ſind, und in der Breite und Länge ein ziemlich mäßiges Verhältniß haben, theils aber mit einem bogenförmigen Umfang auszugehen ſcheinen, Ihnen vorzulegen die Ehre haben.

Die größte dieſer Art, die ich beſitze, iſt in der fig. V. nach ihrer eigentlichen Größe zu ſehen.

Sie hat eines und das andere, das ihr allein eigen iſt, und eines Lithologen Aufmerkſamkeit allerdings verdienet. Was die Figur deutlich weiſet, will ich nicht einzeln mit Ihnen durchgehen, wohl aber das, woraus Sie ſich ohne beſondere Anzeige nicht ſo leicht würden finden können. Ich rechne dahin 1) die beyden kurzen Ohren, oder die oben zu beyden Seiten des Petrefacts

trefacts übergeschlagene Theile der Schale, welche von dem schief stehenden länglichten Hocker oder Ribbe lit. b rückwärts herabgehen. 2) Diesen schief gestellten Hocker oder Ribbe lit b. selbst, der einwärts nach der zweyten Ribbe des mitlern Rückens zugehet, sich vertiefet oder niedriger wird. 3) Die darauf folgende tiefe, und breite, einwärts stehende Furchen, lit. cc. die sich bey dem Anfange der dritten Ribbe in dem mitlern Rücken erst endigen. 4) Daß die grauweiße ziemlich starke Schale, deren Dicke einem ziemlich starken Pack Papier gleich kommt, und bey dem schiefen Hocker b. weit dicker ist, nur bis so weit stehen geblieben sey, als die Figur weiset. 5) Daß der mit zarten bogenförmigen und parallel laufenden Strichen von lit. d. bis d. bezogene Theil auch noch eine natürliche Schale des Petrefacts sey; wie daraus mit erhellet, daß ein Theil derselben von lit. e. bis c. abgesprungen ist, wo man denn ganz deutlich nichts als den Stein oder die Unterlage dieser mit Streifen versehenen zweyten Schale, oder Haut mit einer sehr schwachen Anzeige von eingedruckten Strichlein gewahr wird. 6) Den einem Muschelrande β ähnlichen Halbcirkel, wovon der allein übrig gebliebene Theil bey lit. f. f. abgezeichnet ist; und welcher, so viel ich wahrnehmen kann, nicht nur mit der Unterschale oder Unterhaut zusammenhängt, sondern auch ein wenig übertritt, so daß er der obern Schale, die scharf daran anschließet, mit zum halten dienen könnte. Und was

was fehlt wohl noch um berechtiget zu seyn, dieses Petrefact einen Conchitem trilobum zu nennen? Die Seitenrücken der obern Schale sind weitläuftig, aber kaum merklich, der Breite nach gestreift, und fast ganz glatt, so daß der Mahler sie in der Figur fast zu stark ausgedrucket hat. Die Ribben des mitlern Rückens haben aber auch nach der Größe des Körpers keine sonderliche Erhebung, und werden in der Spitze so flach, daß man sie kaum gewahr wird. Das ganze Petrefact hat eine Wölbung, wie man sie bey den mittelmäßig gewölbten Muschelschalen zu sehen gewohnt ist. Noch muß ich sagen, daß die in fig. ggg. angegebene Theile den grauweißen Kalkstein und nicht die Muschel angehen; gleichwie fig. h. auf ein vortretendes Stück eines drunter liegenden Orthocaratiten weiset. So angenehm Ihnen aber vermuthlich dieses Stück gewesen seyn wird, weil es lehrreich war, so wird Ihnen das folgende noch weit angenehmer seyn. Es gehören dazu die fig. VI. und VII. welche es sowohl in der natürlichen als vergrösserten Gestalt nach der Oberfläche vorstellen, gleichwie fig. VII. und VIII. Sie von der andern drunter liegenden Fläche belehren kann. In Absicht der Oberfläche wollen wir nur bemerken, theils, daß der mitlere Rücken ungemein hoch hervorstehe und merklich gewölbet sey; theils, daß zu zwo flachen Ribben der Seitenrücken jedesmahl eine in den mitlern Rücken gerechnet werde; theils aber daß die Furchen oder Ribben

der

der Seitenrücken nicht die ganze Umfassungslinie durchgehen, sondern das äußerste derselben etwas glatt lassen. Noch eins aber, was ich bey keinem andern ähnlich gefunden habe, ist, daß da, wo sich die Spitze des mitlern Rückens endiget, noch eine ganz kleine Erhebung, oder fast rundlicher Stiel, der aber doch nicht mit dem Rande gleich ausgehet, sondern ein wenig zurück bleibt und nach dieser Gegend zu immer flächer und spitzer wird, unmittelbar ansitze, und daraus seinen Ursprung nehme.

Wie ganz verschieden sich aber die Unterfläche sehen lasse, wenn Sie diesen Muschelförmigen Körper in Ihrer Hand so herum drehen solten, wie ich jezt thue, so daß der Muschelrand der ersten Fläche unterwärts stehen bleibt, das zeigt Ihnen, wie ich schon gesagt habe, fig. VIII. IX. Und kaum darf ich es Ihnen noch anzeigen, daß der Theil d. e. f. auf die Theile a. b. c. passen und blos durch einen Zufall getrennet und auf die Seite geschoben worden sind. Aber so werden Sie auch hier fast alles so wieder finden, wie Sie es schon in den Figuren A. bis H. zu sehen gewohnt wurden.

Ja, was sich dort bey den aufs äuserste gekrümmten und gewölbten Stücken nur muthmaßen ließ, daß nemlich die zwischen den Hauptgelenken angetroffene Untersätze sich ein wenig unter den Gelenken selbst wegzögen, oder von

B 5   diesen

diesen etwas, auch wohl ganz, bedeckt werden könnten; das siehet man in diesem Stück mit einem einzigen Blick. Belieben Sie nur die mit g und h bezeichnete Theile nachzusehen; so werden Sie bey dem ersten die Untersätze sehr deutlich, und bey dem andern gar keine finden. Da diese Krebsschwanzförmige Bildung besonders des mitlern Rückens hier fast gerade ausgestreckt liegt; so würde man von diesen versteckten Gelenktheilen ohne Zweifel nicht viel zu sehen bekommen haben, wenn nicht von den darauf liegenden gewölbten und mehr gekrümmten Gelenken, die ich ihrer noch größern Krümmung halber anfänglich mit den Hängestöcken der Schlächter verglich, etwas abgesprungen wäre. Jedoch siehet man auch da, wo nichts abgesprungen ist, noch etwas weniges davon in lit. ii. Wie ist aber dieser Körper, der nichts Muschelförmiges vorzeigt, zu dem über ihn liegenden dreyrückigen Muschelförmigen Körper gekommen? Solten sie wohl beyde als Theile eines und eben desselben Ganzen anzusehen seyn? Es kann seyn, es kann auch nicht seyn. Woraus ich vermuthe, daß es seyn könne, ist theils, daß ich bey jenen Stücken, die fig. A bis H vorstellet, es schon gelernt habe, daß das Ende oder die Spitze des Körpers mit der Spitze in fig. VI. und VII. (wenn ich den Muschelrand ausnehme) ganz ähnlich sey; theils weil nur wenig Stein zwischen den beyden Flächen der VIten und VIIten Figur anzutreffen ist, und der Theil a. b. c. in fig. VIII

VIII. und IX. der Spitze und dem Muschelrand in fig. VI. VII. so gar hart anliegt; theils aber vornehmlich, weil an den Seitenrücken der VIII. und IX. Figur ebenfals zwo Gelenke, zu einem Gelenke des mitlern Rückens gezehlet werden können. Was mich aber noch aufhält dieses gewiß zu sagen, ist, daß die Gelenke bey a. b. c. d. e. f. in fig. VIII. IX. mir ein wenig zu groß und nicht verhältnißmäßig genug zu seyn scheinen. Jedoch auf diesen kleinen Zweifel ließe sich leicht antworten, daß der Theil a. b. c. in fig. VIII. IX. nicht unmittelbar an dem Theil r. o. p. in der fig. VI. und VII. angesessen habe, sondern ein Zwischentheil verloren gegangen sey, da denn die übrigen folgenden größern Gelenke dem ohngeachtet ihr richtiges Verhältniß haben könnten. Es ist überdem die calcinirte dünne und den Muschelschalen ähnliche Schale sowol bey fig. VI. und VII. als bey VIII. und IX. gleich gut anzutreffen, obwohl sie bey der leztern etwas stärker ausfället. Und so mag es denn dabey bleiben, daß beyde Flächen dieses Körpers zu einander gehörige Theile eines und eben desselben Ganzen sind.

Bey der fig. X. will ich Sie nicht lange aufhalten. Die Bauart ist mit fig. VI und VII. fast dieselbe. Das Verschiedene darinn ist blos, daß die natürliche Schale braunlicht ausfället, und daß die Seitenrücken ganz glatt sind. Vielleicht wäre es der gegliederte Mittelrücken auch, wenn nicht die Schale in dieser Gegend abgesprungen wäre.

Die

Die XI. Figur aber, die für dismahl die lezte seyn soll, habe ich nur blos zur Erläuterung der fig. V. mit anbringen wollen. Sie sehen aber auch von a. bis b. ein Theil der natürlichen äuserst dünnen und zarten Schale oder Haut, auf welchen dieselbe zarte und noch zärtere Striche mit dem Augenglase wahrzunehmen sind.

Aller Wahrscheinlichkeit nach werden Sie das Ende wünschen. Und da ich es auch wünsche, weil ich es wohl merke, daß ich über die Gebühr weitläuftig geworden bin, und Ihre Geduld gemißbrauchet habe; so will ich nur noch darauf denken, wie ich mich, ohne meine seichte Kentniß der Natur gar zu sehr zu verrathen, über alle diese Bemerkungen so kurz als möglich erkläre.

Man hat dieses Petrefact bisher gemeiniglich einen Conchitem trilobum rugosum genennet, und mit Hrn. Baumern, der es in seiner Naturgeschichte des Mineralreiches Th. 1. S. 326. Trigometten nennet, (anderer gleich unvollkommener Namen, da es z. E. Käfer-Muschelstein, Cacadumuschel, Seehaase heißet, jezt nicht zu gedenken, unter die zweyschäligen Muscheln gezehlet. Herrmann in der Maslographie Tab. IX. fig. 50 führet eine Art unsers Petrefacts an, wo der Hauptrücken in der Mitte glatt, aber der Länge nach mit kleinen Körnlein besetzet, und blos an seinem

Rande

Rande geſtrichelt iſt, und nennet ſie Pectunculites marmoreus trilobus imbricatus etc. Da ich keine derſelben beſitze, ſo habe die Figur aus ihm entlehnet. Selbſt der um die Petrefacten-Geſchichte ſo ſehr verdiente Herr Prof. Walch hat ſich in dem koſtbaren Knorriſchen Werke S. 95. dafür erklärt. Herr Probſt Genzmar zu Cargard im Mecklenburgiſchen, mein alter verehrungswürdiger Gönner und Freund (denn ich zweifle keinen Augenblick daran, daß er nicht der Verfaſſer der beyden ſchönen Abhandlungen über dieſen Gegenſtand, die in den Arbeiten einer vereinigten Geſellſchaft in der Oberlauſitz zu den Geſchichten der Gelahrheit überhaupt gehörende Band II. S. 285. und Band III. S. 183. anzutreffen und mit Kupferſtichen erläutert ſind, ſeyn ſolte) Herr Probſt Genzmar, ſage ich, hat Band III. S. 184. ſchon vorher ein gleiches gethan. Die daſelbſt mit Nummer 7. 8. 9. bezeichnete Stücke haben ihm dieſe Meynung erleichtert. Da die Zeichnungen aber, wenigſtens für mich, nicht deutlich genug ſind; ſo geſtehe ich gern, daß ich daraus dieſelbe Ueberzeugung mir nicht ſogleich habe verſchaffen können. Und wenn er ſich auch noch deshalb auf die mit N. 17. 18. 19. 20. angemerkten vortreflichen Stücke, die aus dem Cabinet des ſel. Links, und des hoffentlich noch lebenden Herrn Commißions-Rath Stuck zu Halle entlehnet ſind, und mit den meinigen von fig. A. bis H. die größte Aehnlichkeit

lichkeit haben, aber weniger schön regelmäßig und kugelförmig ausfallen, berufet; so gestehe ich abermal, daß es mir schwer werde, ihm darinn beyzupflichten. Beyläufig merke ich hier an, daß Sie mir zu viel Ehre erwiesen haben, wenn Sie es Ihren Lesern versicherten, daß außer dem so vorzüglich Linkischen *) Cabinet zu Leipzig in dem meinigen das zweyte bekannte vollständige Exemplar von diesem noch räzelhaften Petrefact anzutreffen wäre. Ihro Excellenz der Herr Graf van Teßin und Herr Struck, Königlicher Commißions-Rath zu Halle an der Saale scheinen es auch ziemlich ganz aufweisen zu können. Aber wieder zur Sache; um einen zweyschaligen Muschelstein daraus zu machen, würden die von mir bey fig. V. VI. X. und XI. abgezeichneten Stücke meines wenigen Erachtens der Ueberzeugung noch zuträglicher seyn als jene. Sind aber die von A. bis Q. Ihnen vorgelegte meist kugelrunde Exemplaren auch wohl zweyschalige Muschelsteine? Und dennoch haben sie an ihrem gekrümmten Ende oder Spitze mit den von fig. I. bis fig. IV. ausgestreckt vorgestellten,

*) Herr Link, Apotheker zu Leipzig, war eigentlich nur so glücklich, dieses Petrefact in Kupferstichen und abgeformten Wachsstücken zu besitzen. Der sel. D. Brückmann legte ihre Gestalt in seiner Epist. Itiner. XXIII. Cent. I. mittelst eines Kupferstiches dem forschenden Naturkundiger vor Augen. Einige derselben gleichen auch meinen von A. bis Q. abgebildeten nicht wenig.

stellten, ja selbst mit denen, die von fig. V. bis zur fig. X. gesehen werden, wenn man die Muschelrundungen ausnimmt, viel zu viel Aehnlichkeit, als daß man sie nicht alle zu einem Geschlechte solte zehlen wollen und können. Einige Arten der gestreiften Bohrmuschelsteine (Terebratula) sind zwar auch kugelrund. Wer findet aber nicht sogleich die ganze Aehnlichkeit mit andern zweyschaligen Muschelsteinen an ihnen? Hier aber vermisset man sie in den mehr vollständigen Exemplarien gänzlich. Jedoch mein forschender Freund, ich meyne den Herrn Probst Genzmar, hat seine Meynung bald wieder, und ich weiß nicht anders als mit gutem Grunde, selbst verlaßen, wenigstens sehr eingeschrenkt, und die zuerst genannte Concham trilobam rugosam, (warum nicht lieber articulatam oder striatam c.) einem noch unbekannten Seethiere, das bald ausgestreckt, bald gekrümmt seyn könne, zugeeignet. Und hierinn ihm beyzutreten, findet sich bey mir nicht die geringste Bedenklichkeit. Meine Exemplare gebieten eben dieselbe Erklärung. Solte man es ja zu einem Testaceo machen wollen; so müßte man es doch zu den vielschaligen Muschelarten, und einer noch nicht natürlich gesehenen Art derselben rechnen. Sehen Sie nur in der fig. A. die mit lit. a. d. b. e. c. und in fig. F. mit lit. ii. bezeichneten Theile noch einmal an; und erinnern Sie sich auch wieder, was ich bey der Erklärung der fig. Q. Q. gesagt habe; so werden Sie dieser

Mey-

Meynung weit eher, als jener, unterschreiben wollen, und werden auch denen, die den Ort des Schlosses und der Oefnung bey dieser vielschaligten Muschelart zu sehen begierig sind, allenfals einigen Bescheid geben können. Indessen scheinet mir doch die leztere Meynung des Herrn Probst G. weit annehmlicher zu seyn, theils weil die andere von ihm abgezeichnete ähnliche, aber ihrer ausgestreckten Lage wegen eben so merkwürdige Stücke ihr ein vorzügliches Gewicht mittheilen, theils aber weil ich (das Stück in fig. VIII. und IX. ausgenommen) bey allen übrigen mehr eine braune, hornartige, schilferigte, oder sonst dünne Haut, als eine den Muscheln und Schnecken ähnliche harte Schale gefunden habe. Hierzu kommt, daß man bey einigen den Mittelrücken schmäler, als bey andern, siehet; welches blos von der mehr oder weniger und vielleicht wechselsweise verrichteten Ausdehnung der einzeln Rücken, wie auch von der Krümmung des ganzen Körpers herzukommen scheinet, aber auch ein Thier, welchem dieses eigen ist, voraus setzet. Was ich aber von der abwechselnden Ausdehnung und Einziehung der einzeln Rücken gemuthmaßet habe; das scheinet in der Abzeichnung, welche das Knorrische Werk im IIten Theil auf der 69sten mit B 5. bemerkten Tafel vorlegt, seine Bestätigung zu finden. Hier ist der eine Seitenrücken fast um ein Drittel von der Breite des andern schmäler zu sehen; und woher soll diese sonst nirgends in diesem Geschlecht

anzu-

anzutreffende Ungleichheit entstanden seyn? Der überall gezeichnete Muschelrand schließet gewiß den Begrif einer Beschädigung aus. Und selbst die ungewöhnlichen Falten dieses Randes, wenn sie nicht für des Künstlers Erfindung gehalten werden sollen, helfen meine Meynung unterstützen.

Daß übrigens die bis zur Kugelgestalt geschehene Krümmung eine dem Thiere zwar mögliche, aber doch mehr seltene und fast gezwungene Lage und Stellung verrathe, scheinet mir nicht nur daher erweißlich zu seyn, daß man bloßerdings sehr wenige von ihnen in dieser Form gefunden hat; sondern auch daher, daß in den beyden vollständigen Exemplarien fig. A. bis E. und fig. F. bis H. nicht wenig Gelenke, so stark und knochigt sie auch zu seyn scheinen, dennoch in der Mitte geborsten sind, folglich von einer über die Kräfte des Thieres gehenden Spannung ein Zeugniß geben. Ich habe dieses in den einzeln Gliedern bey fig. I. lit. aa. anzumerken gesuchet.

Wie verträgt sich aber diese Meynung mit jener Bemerkung, da man, wie in fig. V. VI. X. XI. eine Art vom Muschelrand um die drey Rückenspitzen herum angetroffen hat?

Ich denke aber doch, daß uns dieses nicht sehr aufhalten könne. Ist der würklich Gelenkvolle und in sich selbst und seinen Theilen beweg-

C   liche

Meynung weit eher, als jener, unterschreiben wollen, und werden auch denen, die den Ort des Schlosses und der Oefnung bey dieser vielschaligten Muschelart zu sehen begierig sind, allenfals einigen Bescheid geben können. Indessen scheinet mir doch die leztere Meynung des Herrn Probst G. weit annehmlicher zu seyn, theils weil die andere von ihm abgezeichnete ähnliche, aber ihrer ausgestreckten Lage wegen eben so merkwürdige Stücke ihr ein vorzügliches Gewicht mittheilen, theils aber weil ich (das Stück in fig. VIII. und IX. ausgenommen) bey allen übrigen mehr eine braune, hornartige, schilferigte, oder sonst dünne Haut, als eine den Muscheln und Schnecken ähnliche harte Schale gefunden habe. Hierzu kommt, daß man bey einigen den Mittelrücken schmäler, als bey andern, siehet; welches blos von der mehr oder weniger und vielleicht wechselsweise verrichteten Ausdehnung der einzeln Rücken, wie auch von der Krümmung des ganzen Körpers herzukommen scheinet, aber auch ein Thier, welchem dieses eigen ist, voraus setzet. Was ich aber von der abwechselnden Ausdehnung und Einziehung der einzeln Rücken gemuthmaßet habe, das scheinet in der Abzeichnung, welche das Knorrische Werk im IIten Theil auf der 69sten mit B 5. bemerkten Tafel vorlegt, seine Bestätigung zu finden. Hier ist der eine Seitenrücken fast um ein Drittel von der Breite des andern schmäler zu sehen; und woher soll diese sonst nirgends in diesem Geschlecht
anzu-

anzutreffende Ungleichheit entstanden seyn? Der überall gezeichnete Muschelrand schließet gewiß den Begrif einer Beschädigung aus. Und selbst die ungewöhnlichen Falten dieses Randes, wenn sie nicht für des Künstlers Erfindung gehalten werden sollen, helfen meine Meynung unterstützen.

Daß übrigens die bis zur Kugelgestalt geschehene Krümmung eine dem Thiere zwar mögliche, aber doch mehr seltene und fast gezwungene Lage und Stellung verrathe, scheinet mir nicht nur daher erweißlich zu seyn, daß man bißher nur sehr wenige von ihnen in dieser Form gefunden hat; sondern auch daher, daß in den beyden vollständigen Exemplarien fig. A. bis E. und fig. F. bis H. nicht wenig Gelenke, so stark und knochigt sie auch zu seyn scheinen, dennoch in der Mitte geborsten sind, folglich von einer über die Kräfte des Thieres gehenden Spannung ein Zeugniß geben. Ich habe dieses in den einzeln Gliedern bey fig. I. lit. aa. anzumerken gesucht.

Wie verträgt sich aber diese Meynung mit jener Bemerkung, da man, wie in fig. V. VI. X. XI, eine Art vom Muschelrand um die drey Rückenspitzen herum angetroffen hat?

Ich denke aber doch, daß uns dieses nicht sehr aufhalten könne. Ist der würklich Gelenkvolle und in sich selbst und seinen Theilen bewegliche

liche Körper zu einer kugelrunden Krümmung geschickt gewesen; warum solten wir nicht annehmen können, daß er nur alsdenn, wenn er äusserst ausgestreckt und ausgespannt liegt, also zuweilen eine dünne, halbcirkelförmige Haut oder Rand um die Spitze herum ausdehne; diese aber auch wieder auf beyden Seiten in sich hinein, und auch wohl unter sich weg ziehen könne, wenn er sich krümmend zusammen legen will oder muß? Und haben wir ihn denn nicht auch wohl schon bey aller seiner Ausstreckung in fig. I, bis IV, ohne eben einen Muschelrand daran zu entdecken, sehen können?

Ich hoffe, daß Sie das in der fig. XIII. und XIIII. aufgestelte Stück als ein hieher gehöriges werden ansehen wollen. Mein werthester Schwager, der Doctor und Med. Practicus, Herr Brand zu Berlin hat mir dasselbe aus seinem Vorrathe abzeichnen lassen; und weil es noch zu rechter Zeit in meine Hände kommt; so nütze ich es mit Vergnügen zu meinem Zweck. Es ist ein fast volständiges aber beschädigtes Stück, welches sich von den meinigen vornehmlich darinn unterscheidet, daß man das Petrefact, oder vielmehr den Kern desselben, in seiner geraden Ausstreckung siehet. Bey a. in der fig. XIII. sind einige schwache Ueberbleibsel desjenigen Theiles, welchen Sie in fig. A. bey a. d. e. c. sehen, anzutreffen; und nur des Malers Eilfertigkeit hat dieses in der Zeichnung übersehen. Ent-

gegen

gegen über stehendes spitzeres, aber abgebrochnes, Ende, welches in fig. XIIII. mit b. c. d. bemarkt ist, macht es indessen vorzüglich merkwürdig; denn man lernet daraus

1) Daß dieser Körper die in fig. E. mit d. e. f. bemerkten Theile, die daselbst allerdings noch als von beyden Seiten ausgespannt, oder etwas plat liegend vorkommen, auch so zusammen ziehen könne, daß sie die Rundung b. c. d. in der fig. XIIII. hervorbringen.

2) Daß der Muscheldhnliche Rand in gewissen Exemplaren dieses Petrefacts blos etwas zufälliges sey. Und solte ich wohl nicht bey meiner oben geäußerten Muthmaßung bleiben könne.

Fragen Sie mich aber nun weiter: ob ich mehr als Herr Probst Genzmar wisse? ob ich das bisher unbekannte Thier mit seinem Namen anzugeben verstünde? und wie viel mehr werden Sie nicht fragen können; so habe ich große Lust durch ein offenherziges Nein mich mit einemmahl aus der Sache zu ziehen. Einem solchen Naturforscher und besonders Conchiliologisten, als Sie Mein Herr sind, kann mit seichten Muthmaßungen, die nur die Uebereilung dessen, der sie angiebt, verrathen, wenig gedienet seyn, und ich verspreche es mir auch gar leicht von Dero Freundschaft, daß Sie eher mit meinem

nem Stillschweigen als mit meiner selbst entdeckten Schwachheit zufrieden seyn werden. Damit Sie aber doch auch nicht glauben sollen, als wolte ich allzublöde und schüchtern gegen Sie thun, und als trauete ich es Jhnen nicht zu, daß Sie mich bey andern Naturkennern hinlänglich entschuldigen würden; so will ich Jhnen nichts von meinen eigenen und meiner Freunde Muthmaßungen jezt verheelen.

Meine Freunde haben mich theils auf des Linnäus Oscabrion oder Chiton aculeatus testa octovalvi striata corpore subaculeato (Syst. Nat. Edit. XII. p. 667. §. 3.) theils auf das Geschlecht der Tethyorum oder Sprützlinge hingewiesen. Jch finde aber weder in dem einen noch in dem andern diejenige Ueberzeugung, die ich mir und andern wünsche.

Meine Muthmaßung gehet aber um so mehr dahin, daß das Original unsers Petrefacts unter dem Geschlecht der Kiefenfüße (Branchiopus) gesuchet werden müsse. Die vortrefliche Abhandlung des Herrn D. Jacob Christian Schäfers zu Regenspurg von dem Krebsartigen Kiefenfuß mit der kurzen und langen Schwanzklappe Regensp. 1756. kam mir, als ich eben auf den Schluß dieses Briefes dachte, recht zur guten Stunde in die Hände. Und wie freuete ich mich, als ich auf der ersten Tafel die 4te und 5te Figur zu Gesichte te bekam, als welche den Krebsförmigen Kiefenfuß (Branchiopus oder apus cancriformis) theils von der Seite des Rückens, welcher mit einer hornartigen glänzenden biegsamen Haut bedeckt ist, theils von der Bauchseite vorstellen. Ich bitte Sie aber auch mit diesen zwo Abbildungen noch auf der zweyten Tafel die erste, andere und dritte Figur, die den Kopftheil des Wurmes nach der innern Gestalt vergrößert vorstellen, zu vergleichen; und Sie werden sogleich die größte Aehnlichkeit mit unserm Petrefact entdecken müssen. Noch mehr aber habe ich mich über die so deutliche Uebereinkunft meines Gegenstandes und meiner darüber angebrachten Vermuthungen mit der Nachricht, die Herr Rath Schäfer von dem seinigen ertheilet, freuen müssen. Nur etwas ganz weniges setze ich davon her und lasse es Ihnen über, sich desjenigen, was ich bey den größtentheils volständigen Versteinerungen und sonst angebracht habe, selbst wieder zu erinnern.

1) Der Krebsförmige Kiefenfuß hat auf seinem Rücken ein hornartiges biegsames Häutchen über sich liegen, welches mit dem Microscop sehr faltig und runzlich gesehen wird, und überdem nur am Kopfe und Rücken in einem kleinen Theile mit dem darunter liegenden Thierchen zu eins verbunden ist; folglich das Ausdehnen und Zusammenziehen, selbst Zusammenrollen sowohl des Thieres

Thieres als seines Schildes, welches ich
blos vermuthete, sehr wohl verstattet.

2) Den einem Dreyeck oder Frauenzimmer-
Schnürbrust ähnlichen und in drey geglie-
derten Abtheilungen bestehenden Körper
(s. fig. II.) werden Sie nicht vermissen, und
die ganze Länge und Breite desselben, folglich
auch die Aehnlichkeit mit dem kugelrunden
Petrefact (fig. A. bis H.) sogleich entdecken,
wenn sie sich dieses leztere als ausgestrecket,
und seiner Lungenfüße beraubt, denken
werden.

3) Was ich bey fig. F. lit. ii. den Hängestock
nennte, das wird vermuthlich der in der
Versteinerung abgelösete, erhabene umge-
bogene Rand des untern Kopftheiles
seyn, gleichwie Sie zu den von mir genannten Fischkopf- und Fläschelförmigen
Theilen (fig. A. a. d. b. e. c.) ebenfals gnug-
samen Raum und Anweisung, wo sie hin
gehören, und was sie in dem noch lebenden
Thiere vorgestellet, finden werden.

4) Herr Rath Schäfer zehlet ohne der
Schwanzklappe zwey und dreißig Ringe in
seinem Wurme. Und wir haben oben nicht
viel weniger gezehlet.

5) Diese Ringe liegen auch wie bey den Krebsen schuppenweise über einander und zwar
so, daß die einander folgenden Ringe allezeit
den Zwischenraum der vorhergehenden ein-
nehmen, und folglich eine solche Lage haben,

daß

daß nichts dazwischen durchkommen kann. An der Aehnlichkeit lassen Ihnen die Zeichnungen A—H. gewiß keinen Zweifel übrig.

6) Die Ringe selbst sind nicht von einerley Substanz befunden worden. Die zwölf ersten waren häutig, der dreyzehnte und folgende war undurchsichtiger, härter und hornartiger. Solte sich aber wohl nicht hieraus mit erklären lassen, warum einige Bruchstücke unsers Petrefacts (denn viel was mehreres findet man nicht in unsern Cabinettern) bald mit einer der Muschelschalen ähnlichen kalkartigen, bald aber mit einer hornartigen Haut, und weit öfter mit keiner von beyden bedeckt gefunden werden?

7) Nicht nur die vielen Lungenfüße, die es, wenn es auf dem Rücken oder Bauche schwimmet, theils rückwärts und vorwärts, theils gegen einander sehr schnell beweget; sondern auch die entdeckte wellenförmige Bewegung des Thieres innerhalb der Muschel, oder dem Rückenschilde, machen es zu einem Thiere, das in der Versteinerung bald mehr bald weniger sich selbst ähnlich und volständig gefunden werden muß. Hiezu kommt

8) Daß man nur sehr selten unter den lebendigen Kiefenfüßen einen ganz unverlezten, wo nicht die Ruderfüße und Schwanzklappe verstümmelt wären, bisher angetroffen hat,

hat; wovon denn theils Zufall theils Gewaltthätigkeit von Seiten der Feinde des Thieres angegeben worden ist.

9) Der Riesenfuß mit der langen Schwanzklappe hat dieses besondere, daß zwischen den Schwanzborsten ein gewisser Ansatz, der ein Fortgang der Schwanzklappe ist, angetroffen wird. Und erinnern Sie sich wohl noch des kleinen Ansatzes in dem Ende des mitlern lobi bey der 6ten und 7ten Figur?

10) Daß dieser Wurm sein Geschlecht sehr zahlreich, aller Hindernisse von Luft und Wetter ohngeachtet, vermehren könne, gehöret ebenfals hieher, und stimmet mit der großen Anzahl von Versteinerungen dieser Art, besonders in Schwedischen Landen sehr wohl.

11) Anfänglich wachsen diese Thiere sehr schnell und haben schon in drey Wochen die Größe von fast einem Zoll. Indessen hat Hr. Rath Schäfer nie größere, als von $2\frac{1}{2}$ Pariser Zoll gesehen. Da aber die schnelle Austrocknung des Wassers und andere Ursachen das Wachsthum des Wurmes, wo nicht gänzlich stören, doch mindern, daher auch in einem Jahre lauter kleine und in einem andern wieder lauter große gefunden worden sind; und da selbst die größesten von ihnen noch eine Haut abwarfen, folglich noch nicht ihre ganze Volkommenheit

heit erreicht hatten; so schließet der vortrefliche Naturforscher daraus mit gutem Grunde, daß diese Thierchen zu einer sonderbaren Größe würden anwachsen können, wenn sie, wie die Krebse in beständigen Flüssen, oder wie der Moluckische Krebs in der See etliche Jahre ungehindert fortwachsen könnten. Und so darf es uns denn gar nicht befremden, daß wir in den Versteinerungen zuweilen viel größere Exemplarien antreffen, als Herr Schäfer die seinigen angiebt, zumal es ja an gleich kleinen eben so wenig fehlet. Das größeste Maaß in der Versteinerung trift man wohl bey dem in dem Gräflich Teßinschen Cabinet aufbehaltenen und in Museo Tessiniano Holmiae 1753 fol. mai. Tab. III. abgebildeten Bruchstücke an, wenn es anders mit Herr von Linne als ein hieher gehöriges angesehen werden kann.

12) Von dem Fischförmigen Kiefenfuße wenigstens hat es uns Herr Schäfer gesagt, daß er sich zusammenrolle. Kaum würde ich aber das Ende finden, wenn ich Ihnen noch mehrere Vergleichungsstücke vorlegen wolte. Es ist ohnedem meine Mennung gar nicht, daß gerade der Krebsartige Kiefenfuß des Herrn Schäfers das Original von den versteinerten seyn müsse. Es giebt ja Fisch- Krebs- und Muschelnwie auch Flöhen ähnliche Kiefenfüße. Oh-

Ohne allem Zweifel ist es noch eine andere Art, und solche, die sich mehr in sumpfigten Seelacken, wo nicht in der tiefen See selbst, als in unsern süßen Wassern aufhält. Gnug, daß wir das Geschlecht wahrscheinlich gefunden zu haben vorläufig behaupten können.

Und darf ich wohl an Ihrem und anderer Beyfall deshalb zweifeln? Sie sind gewiß mit mir eins, wenn ich Ihnen sage, daß der Herr von Linne, wie ich jezt eben, gleichfals zur guten Stunde, inne werde, schon einige Zeit früher etwas ähnliches gedacht hat. In dem bereits gedachten Museo Tessiniano S. 98. sowohl als auch in den Abhandlungen der Schwedischen Acad. B. XXI. S. 23. hat er sich dahin erkläret, daß das Insect ein Mittelgeschlecht zwischen den Krebsen, Monoculis*) und Oniscis seyn müsse, das sich von Ihnen durch zwanzig Einschnitte eines eyrunden Körpers unterscheidet. Er würde es zu den Meer-Oniscis gezehlet haben, wenn nicht bey diesem Ge-

---

*) Der Branchiopus oder Apus cancriformis des Herrn Schäfers ist des von Linne Monoculus testa subcompressa antice retusa cauda biseta in Syst. nat. p. 68. Frisch nennet ihn im Xten Theil der Insecten S. 1. 2. Taf. I. den floßfüßigen Seewurm, und Klein (in den Phil. Transact. n. 447. p. 150. und Baddam Memoirs of the Royal Society Vol. X. Edit. II. S. 340. Tab. XI. fig. 2. 3. 4.) Scolopendram aquaticam scutatam. Sulzer Insecten Tab. 24. fig. 153.

Geschlecht das Brustschild kleiner und die Einschnitte des Körpers nur vierzehn an der Zahl wären. Indessen soll der kürzlich verstorbene Bergrath und Mitglied der Petersburgischen Academie Herr Lehmann in dem neuesten Bande der Nouor. Act. Petrop. dennoch den Oniscis die Ehre angethan haben sie für das Original unsers Petrefacts zu halten. Weil ich aber dieses in unsern Buchläden so schwer anzutreffende Werk bisher nicht habe zu Gesicht bekommen können; so enthalte ich mich billig des zu frühen Urtheils, und ersuche Sie, so bald sie dieses Werk habhaft werden können, mit Ihrem prüfenden und entscheidenden Auge meinen noch schwankenden Einsichten zu Hülfe zu kommen.

O wie ist und bleibt doch alles unser Wissen nur Stückwerk! Die Naturgeschichte dient gewiß dazu mit, daß sie uns recht sinnlich zur Demuth anweiset.

Indessen ist doch so viel als ausgemacht von Ihnen anzunehmen, daß die neuern Conchiltologisten darinn über ihre Grenzen gegangen sind, wenn sie dieses Petrefact in ihr Fach gezogen und es mit dem Namen eines conchitae trilobi rugosi beschenket haben. Herr Brückmann nennete es weit besser in seinen Epist. Itiner. XXIII. Cent. I. Petrefactum Polypi marini, und *Magnus Bromell* in den Act. liter. Sueciae 1729. 4. S. 493. lapidem insectiferum; wir aber wollen es vor der Hand Entomolithum Branchiopodis cancriformis marini nennen und

ihm

Ihm allen Zugang zu unsre versteinerte Schnecken- und Muschel-Cabinetter hinfüro versagen.

Hiermit schließe ich aber auch; denn fast muß ich doch zweifeln, ob Sie Zeit und Geduld genug haben werden, sich weiter mit diesem kleinen Gegenstande Ihrer Wissensbegierde abzugeben. Was ich von andern bisher fast unbekannt gebliebenen Petrefacten, besonders solchen, die sich ihrer drey Rücken wegen auszeichnen, Ihnen mitzutheilen willens war, das verspare ich billig bis dahin, wenn ich eine neue Erlaubniß dazu von Ihnen werde erhalten haben.

Erweisen Sie mir aber doch auch zuletzt die Ehre, von mir zu glauben, daß ich gern und zu aller Zeit von Ihnen lerne, und daß ich mit der lebhaftesten Hochachtung stets seyn werde

Ew. Wohlgebohren

C. den 1sten May
1768.

ganz ergebenster Freund
und Diener

C. F. W.

Zweytes Sendschreiben

an den

Hochedelgebohrnen Hocherfahrnen und Hochgelahrten Herrn

Herrn B. Feldmann

Der Arzneygelahrheit Doctor und Physicus zu Ruppin

in

welchem die Geschichte des sogenannten Conchitae trilobi rugosi eben sowohl ergänzet, als die darüber gegebene Erläuterung bestätiget wird.

abgefasset vom Verfasser.

Hochgeneigter Gönner und Freund!

Verklagen werde ich ihn gewiß nicht bey Ihnen, den Freund, der mir, ohne eine besondere Erlaubniß deshalb aufweisen zu können, einige schätzbare Seltenheiten Ihres Petrefacten-Cabinets auf eine kurze Zeit anvertrauete, um davon einigen Gebrauch zu machen. Entschuldigen müste ich ihn, wenn ich ja seinetwegen was thun wolte. So lange ich aber Dero mir bekannt gewordnen edeln Characters und Dero

ihm

ihm allen Zugang zu unsre versteinerte Schnecken- und Muschel-Cabinetter hinfüro versagen.

Hiermit schließe ich aber auch; denn fast muß ich doch zweifeln, ob Sie Zeit und Geduld genug haben werden, sich weiter mit diesem kleinen Gegenstande Jhrer Wißensbegierde abzugeben. Was ich von andern bisher fast unbekannt gebliebenen Petrefacten, besonders solchen, die sich ihrer drey Rücken wegen auszeichnen, Jhnen mitzutheilen willens war, das verspare ich billig bis dahin, wenn ich eine neue Erlaubniß dazu von Jhnen werde erhalten haben.

Erweisen Sie mir aber doch auch zulezt die Ehre, von mir zu glauben, daß ich gern und zu aller Zeit von Jhnen lerne, und daß ich mit der lebhaftesten Hochachtung stets seyn werde

Ew. Wohlgebohren

C. den 1sten May
1768.

ganz ergebenster Freund
und Diener
C. F. W.

Zweytes Sendschreiben

an den

Hochedelgebohrnen Hocherfahrnen und Hochgelahrten Herrn

Herrn B. Feldmann

Der Arzneygelahrheit Doctor und Physicus zu Ruppin

in

welchem die Geschichte des sogenannten Conchitae trilobi rugosi eben sowohl ergänzet, als die darüber gegebene Erläuterung bestätiget wird.

abgefasset vom Verfasser.

Hochgeneigter Gönner und Freund!

Verklagen werde ich ihn gewiß nicht bey Ihnen, den Freund, der mir, ohne eine besondere Erlaubniß deshalb aufweisen zu können, einige schätzbare Seltenheiten Ihres Petrefacten-Cabinets auf eine kurze Zeit anvertraute, um davon einigen Gebrauch zu machen. Entschuldigen müste ich ihn, wenn ich ja seinetwegen was thun wolte. So lange ich aber Dero mir bekannt gewordnen edeln Characters und Dero

ihm

ihm vorzüglich bewiesenen Freundschaftsproben wegen nicht glauben kann, daß Sie dieses in Absicht seiner je nöthig finden werden; so lange will ich mir auch dieses Geschäfte, selbst wenn ich es noch so gut verstünde, nicht gern selbst auflegen. Hat er eine Entschuldigung nöthig gefunden; so wird er sie auch vermuthlich schon aufs beste beygebracht haben.

Eine Pflicht, deren größeres Gewicht ich fühle, ist die, daß ich vornehmlich mich bey Ew. Wohlgebl. entschuldige. Wie fange ich es aber damit an Ihres Freundes Anerbieten so bald angenommen zu haben ohne weitläuftig zu werden, und auch den Schein der Schmeicheley, als wovon Dieselben so wenig Freund sind, hinlänglich zu vermeiden? Alles, was ich sagen kann und will, ist dieses, daß ich allenfals nicht ganz und gar entschuldiget seyn will und daß ich mir Dero Vergebung deshalb zu erhalten gleich vom Anfang versprochen habe. Solte Ihm, dem gütigen Mann, dachte ich bey mir selbst, es wohl auf irgend eine Weise ganz mißfällig seyn können, dasjenige, was er einmahl zum gemeinnützigen Gebrauche bestimmt hatte, auch in fremden Händen zu sehen, wenn nur gerade derselbe Gebrauch davon gemacht wird, der davon gemacht werden solte? Ich will, dachte ich ferner, es versuchen es damit wieder gut zu machen, daß ich Ihm von dem pflichtmäßigsten Gebrauch seiner Schätze einige Rechenschaft gebe,

von dem Petrefact ꝛc. 47

gebe, und Ihn mir zum Richter meiner darüber angestelten Betrachtungen auf das verbindlichste ausbitte. Und sehen Sie, mein Gönner! die eigentliche Ursach, warum ich mir jetzt die Ehre gebe Ihnen dieses Blat gehorsamst zu widmen.

Urtheilen Sie doch darüber als ein Freund. Als ein großer Naturkundiger werden Sie vielleicht noch manches daran auszusetzen finden. Aber auch so, etwas von Ihnen zu hören, soll mir ausnehmend angenehm seyn. Denn ich halte es ja wohl billig für meine Schuldigkeit alle Gelegenheit mit zu nehmen, wo ich etwas lernen und zurecht gewiesen werden kann.

Vor der Hand stehe ich noch immer in den Gedanken, daß keines Dero Seltenheiten derjenigen Meynung entgegen sey, sondern sie vielmehr bestätige, die ich in einem Sendschreiben an den Herrn D. Martini zu Berlin vor kurzem zu äußern mir die Freyheit genommen habe. Und wie vergnügt muß mich nicht der Anblick und der freyere Gebrauch dieser jezt durch mich gemein gemachten Petrefacten aus dem Feldmannischen Museo gemacht haben?

Ihr bestes Stück sehen Sie in der XVten Figur. Es ist meist vollständig, ob man es gleich nicht in allen seinen Theilen zu Gesichte bekommt; indem einige derselben zur Hälfte oder ganz mit

dem

dem weißgraulichen Kalksteine, in welchen es liegt, bedeckt sind. Was ich in einer Kugelrunden Gestalt aufbewahre, das können Sie also in seiner ausgestreckten Lage dem fortsehenden Naturkundiger vorzeigen; und ich selbst habe mich über diesem Ruppinschen Fündling nicht wenig gefreuet. Die andere Hälfte des Steines, die darauf passet und den Eindruck des Körpers von f. e. b. a. c. d. mit einem Theil der natürlichen dünnen glänzend braunen Schale, die von g. b. a. c. h. abgesprungen ist, noch aufsitzend hat, habe ich keiner Zeichnung werth geachtet, so schön er auch an sich ist.

Jener erhabene Theil ist es aber werth, daß ihn alle Petrefactenkenner in allen seinen Theilen, und fast von Linie zu Linie, wenigstens in dem Bilde mit ihren Augen verfolgen. Die ganze Länge desselben von i. bis a. ist 1 Zoll Rheinländisch Maaß; die größte Breite aber von k. bis d. ist 1 Zoll, weniger einer Linie, die denn unmerklich in eine rundliche Spitze, so wie die Zeichnung es weiset, ausgeht.

Das besondere dieses Stückes ist also:

1) Der große und merklich gewölbte Kopftheil f. i. l, welcher glatt ist, und weil er auswärts dem Stein herausgeraget hat, bevor er ausgelöset war, fast gar keine Schale mehr, folglich auch keine besondere Zeichnung, die vielleicht auch niemals da gewesen ist, zu sehen giebt.

2) Der

2) Der eine Seitentheil des Kopfstückes f. k. e. ist von dem mitlern Theile des Kopfes bey f. getrennet und liegt etwas tiefer, da man hingegen bey der entgegen gesezten Seite in l. nicht das geringste siehet. Da Sie in dieser Figur die Gestalt desselben kaum gewahr werden können; so habe ich seinetwegen in der XVI. fig. eine besondere Zeichnung dieses XVten Exemplars von der Seite nehmen lassen. Hier siehet man aber nicht nur bey f. die Trennung von dem mitlern Theile des Kopfstückes (i.), sondern auch, wie er von f. bis k. ganz spitz wie ein glatter Zahn ausgehet und bey e. von dem übrigen Theile des Leibes wieder getrennet ist, daher man auch eine kleine Portion vom Steine daselbst siehet, die uns einigermaßen hindert die ganze Gestalt desselben richtig zu beurtheilen. Ein erhabner glatter Puckel, dessen Diameter 1½ Linie Rheinländischen Zolles beträgt, und bey m. mittelst eines halben Cirkels angezeigt ist, macht es vorzüglich merkwürdig. Ohne Zweifel würde man auf der andern Seite bey l. d. in der XVten Fig. das nehmliche sehen, wenn es nicht gröstentheils vom Steine bedeckt wäre.

3) Komme ich auf den in drey Rücken abgetheilten Leib. Der mitlere Rücken ist etwa 4 Linien eines Zolles breit, und eine gleiche Breite haben die Seitenrücken. Die

D   Schup-

Schuppenförmig und dicht über einander liegende Ringel werden nach der Spitze zu immer ein wenig schmaler, aber unmerklich genug; da die Riegel der Seitenrücken sonst in allen andern Exemplaren, die ich gesehen habe, entweder gerade liegen, oder eine gleichmäßige Krümmung haben; so gehen sie hier nur bis auf die Hälfte ihrer Größe von den Ringeln des mitlern Rückens, als mit welchen sie recht deutlich ein Ganzes sind, geradlinigt aus, und brechen alsdenn mittelst einer nach unten zu gerichteten Biegung von dieser geraden Linie ab. Dieser gegliederte dreyfache Rücken beträgt fünf Linien, gleichwie der übrige glattere Theil bis an seinem Ende ebenfals fünf Linien beträgt.

4) An diesem Ausgange oder Ende des Körpers ist noch dreyerley zu bemerken:

a) Die ganz glatte Schale g. b. a. c. h; denn der fehlende Ueberrest derselben bey b. a. c. sitzet in dem Dubletten Stück oder dem darauf passenden Abdruck.

b) Von b. bis c., wo die Schale abgesprungen ist, wird man aber auch einen neuern Ansatz, an g und h, besonders dadurch gewahr, weil er ein wenig tiefer stehet, gleichwie das allerdußerste

in

In b a c. schon wieder einen neuen schmalern ganz flachen Rand oder Ansatz abgiebt.

4) Ohngeachtet der mitlere Rücken in dem Raum von g bis h mit einer scharfen Spitze ausgehet, den man dadurch zu Gesichte bekommt, daß ein weniges von der Schale abgesprungen ist; so siehet man dennoch in dem neuen Ansatz b a c bey a ebenfals wieder die unter der weggesprungenen Schale verursachte und zurückgebliebene länglichte Vertiefung, die aber sehr flach ist und durchweg von einerley Breite, das ist, von der Breite eines Striches, den man mit der Feder machet, zu seyn scheinet.

5) Die Schale oder vielmehr die feste und dichte bräunliche Haut des ganzen Leibes gleichet in der Dicke einem ziemlich starken Papiere; und wo sie am Ende des Stückes ganz abgesprungen ist, da siehet man

6) in b a c dieselben Bogenförmigen zarten Strichlein, die ich schon in fig. XI eines meiner Exemplare vorgestellet habe.

Nehmen Sie nun dieses alles zusammen, so werden Sie mit mir leicht glauben, daß das Thier bey aller seiner ausgestreckten

ten Lage, dennoch in einer Art von Verkürzung und Zusammenziehung gelegen habe, als es von seinem Schicksal, welches es verewigte, übereilt ward. Sie werden aber auch ferner gern mit mir annehmen entweder, daß der Wurm nach Art der Muschelschalen durch neue Ansätze an seinem Schwanztheile an Größe zunehmen, oder besser: daß es daselbst mehr als eine Haut in verschiedener Tiefe und Länge um sich herum ausdehne und eben dadurch bald mehr bald weniger die Gestalt einer Muschel mit ihrer Rundung erhalte, ohne doch dieses jemals gewesen zu seyn, als wovon ich schon in dem ersten Schreiben hinlängliche Auskunft gegeben zu haben glaube; wie denn auch selbst der übrige Theil des Leibes und Kopfes in dieser XVten Figur keiner einzigen meiner Erfahrungen und Vermuthungen nur in etwas entgegen ist. Zweifeln Sie aber noch immer an der Richtigkeit dieser meiner Vermuthungen, so soll Ihr in der fig. XVII und XVIII. vorgestelltes Stück jezt dazu dienen, es fast unwidersprechlich darzuthun, daß die Gestalt eines Muschelrandes an der Spitze der drey Rücken blos etwas zufälliges sey.

In

In der fig. XVII. haben Sie einen vertieften Abdruck vom untersten Theile des dreyrückigen Wurmleibes. Eine zarte schneeweiße Schaale, die noch größtentheils übergeblieben ist, und alles Ansehen einer dünnen Muschelschale hat, bedecket ihn. Und wer solte wohl an der versteinerten Muschelschale zweifeln?

Beyläufig merke ich jezt an, daß der mitlere Rücken derselben vier Reihen von sehr saubern Vertiefungen vorzeige. Die beyden äußersten Reihen d und e bestehen aus sieben sichtbar vertisten Puncten; die innern hingegen bey f, welche den vorhergehenden und sich selbst parallel gegen über stehen, aber der Zahl nach mehrere sind, weil die Spitze nicht mit jenen, aber wohl mit diesen bestippelt ist; die innern, sage ich, sind zarter und flacher. Aber genug hiervon.

Ich komme wieder zur Hauptsache, und diese war, Ihnen die Muschelschale aus dem Gemüth zu bringen, als wozu dieses Stück ganz vortreflich dienet. Es ist nehmlich das, was Sie in dem Raum von a bis c Muschelrand nennen würden, wann es flach läge, hier fast senkrecht auf dem Leibe des dreyrückigen Wurmes aufstehend zu sehen; der Mahler hat dieses mit dem äußersten vertieften Rande bey a b c hinlänglich angezeiget zu haben geglaubet; und daß es etwa kein Ueberrest von der andern darauf passenden Schale oder ein fremder Ansatz sey, lehret der

Augenschein deutlich; indem die natürliche Schale hier nicht nur gleich weiß und zart ist, wie sie auf dem ganzen Leibe aufliegt, sondern auch mit derselben aufs genaueste als ein Ganzes zusammenhänget. Der scheinbare Muschelrand des Wurmes, den er bey seiner Ausstreckung verursachet, ist also bey diesem Exemplar unter dem Leibe weg gekrümmet worden. Und hat wohl nicht die von mir in dem ersten Schreiben angebrachte Vermuthung, daß dieses dem Wurm zu seiner Zeit möglich sey, seinen völligen Beweiß erhalten?

Noch mehr wird Sie aber davon die Figur XVIII. überzeugen können, als wo der Muschelrand a b sogar zusammen gerollet ist, wie etwa ein dünnes Häutchen oder Papier, wenn es warm und trocken wird, sich zusammen zu rollen pflegt; und dieses werden Sie schon mit den bloßen Augen, noch besser aber mit einem mäßigen Augenglaße, gleich bey dem ersten Blick selbst gewahr werden müssen. Uebrigens ist sowohl an diesem aufgerollten Rande als auch an dem Seitentheile die natürliche zarte weiße, den Muschelschalen ähnliche Haut oder Decke noch ganz schön zu sehen. Der Mittelrücken ist aber in diesem Abdruck verlohren gegangen.

In der XIXten Figur, die auch einen Abdruck vorstellet, finden Sie den Rand zwar keinesweges aufgerollet; daß aber an dem Wurmkörper,
der

der in diesem ganz saubern Abdrucke ehedem gelegen hat, fast ein gleiches vorgegangen sey, scheinet mir daraus mit zu erhellen, daß der Rand a b c ungemein vertieft ausfält und sehr hoch hinaufgehet, so daß er in die erste starke Vertiefung, welche vom ersten Ringel lit. e f d gemacht worden, hinein reichet und also den übrigen ganzen Leib ringsherum als mit einer einzigen vorzüglich tiefen Furche umschließet. Die kleinen Knötchen, die ehedem besonders den mitlern Rücken lit. f zierten, haben hier hin und wieder, wie auch die Zeichnung es anmerket, kleine Grübchen zurückgelassen, die aber zum Theil so schwach sind, daß sich die ordentliche Lage derselben nicht zuverläßig von mir angeben lässet. Wäre der Stein, der diesen Abdruck zeiget, ein etwas feinerer Kalkstein, als er es nicht ist, so sähe man vielleicht auch dieses mit größerer Deutlichkeit.

Vielleicht ist es aber die eben jezt gedachte dünne Haut, die der dünnen Muschelschale so ähnlich ist, wodurch Sie noch gehindert werden mir Beyfall zu geben? Und solten Ihnen wohl nicht schon gewisse versteinerte Krebsarten, besonders von dem Krabbengeschlechte, woran Sie ein gleiches wahrnehmen können, zu Gesichte gekommen seyn? Ich besitze dergleichen von Gehrden bey Hannover, und von Farö bey Seelandt. Auf diese berufe ich mich denn billig so lange, bis Sie mich wegen des Unterscheides zwischen beyden Häuten ein anderes belehret haben werden. Es ist also auch diese Erscheinung von einer Muschelschale nur bloß was zufälliges. Und wäre sie es nicht; so müßten wir sie ja bey allen mit ihrer Schale oder Haut bedeckten Petrefacten dieser Art schon angetroffen haben. Woher es aber rühre, daß sie nur bey einigen und nicht bey allen Exemplaren noch angetroffen werde, das will ich Ihnen ganz genau nicht sagen. Der Ort und die Beschaffenheit der Erde, worinn das Petrefact zu liegen kam, der vorhergehende ältere oder jüngere Zustand des Thieres, ein Zufall, wodurch diese erste dünne und vielleicht schleimigte gewesene Haut des noch lebenden Thieres verlohren gegangen ist: dieses alles und jedes vor sich reicht dazu hin. Und ich lasse Ihnen gern die vollkommenste Freyheit, darunter zu wählen, was Ihnen gut dünket.

Daß die XXte Figur abermals von einem Abdrucke gemacht sey, darf ich Ihnen nicht erst sagen. Bloß darum habe ich dieses Stück mit abzeichnen lassen; weil man daraus sehen kann, daß die sämtlichen Ringel der drey Rücken, wovon aber der eine verlohren gegangen ist, in ihrer Mitte, und nach der ganzen Breite derselben eine zarte Vertiefung ehedem gehabt haben müssen, weil sie einem hier als eine kleine erhabene Linie in der Mitte jeglicher Furche vors Gesicht kommt.

Wie schön und lehrreich sind aber nicht dagegen diejenigen Bruchstücke, welche in den mit den Zahlen XXI. XXII. und XXIII. bemerkten Figuren vorkommen? Wenn Sie die dem ersten Sendschreiben beygefügte Abbildungen von fig. A. bis H. nachzusehen belieben wollen; so wissen Sie schon vor sich selbst, daß alle diese an Größe und Gestalt verschiedene Figuren das mitlere Schild des Wurmkopfes oder die von mir sonst sogenannte Fläschelförmige Theile desselben seyen; und ich freue mich nicht wenig auch hiermit wahrmachen zu können, was in dem ersten Sendschreiben meinem Freunde zu versichern die Ehre hatte, nehmlich zu reden, daß man zuweilen auch diese Theile einzeln versteinert finde.

Das größeste davon in der XX. fig. hat in der Länge zehn Linien Rheinländisch; Oben, wo es am gewölbtesten ist, und bey den zwey ersten Knöpfen beträgt die Breite sieben; und unten, die zwey letzten Köpfe mit gerechnet, sechs dergleichen Linien. Der Theil a. b. ist ein kleiner Ueberrest desjenigen Seitentheiles vom Kopfe, den ich in meinen kugelrunden Versteinerungen einiger Aehnlichkeit wegen in Ermangelung eines bessern Nahmens fig. A. bis H. den Fischkopfförmigen Theil zu nennen pflegte. Beyde Kopftheile sind hier, wie die Figur weiset, mit kleinen unter sich gleichen Körnlein oder Erhebungen, so wie man sie an den Krebsschälen siehet, faſt Reihenweiſe beſtreuet, und faſt bin ich geneigt zu glauben, daß wir hier die noch natürliche Schale des Wurmkopfes aufbewahrt bekommen haben; Gleichwie ich auch nicht zweifle, daß der Fuß des mit drey Knöpfen zu jeder Seite verſehenen Fläſchchens c. d. vermuthlich derjenige Theil ſeyn werde, über welchem der erſte Ring des Leibes wie eine Krebsſchuppe wegging, als es mit dem Thiere und ſeiner Verſteinerung noch was ganzes war. Von dem in dieſem grauweiſſen Kalkſteine zugleich bey lit. e. anzutreffenden andern Bruchſtücke des Wurmes ſage ich Ihnen aber nichts, weil Sie dieſes albereits hinlänglich kennen.

Und eben ſo wenig habe ich Ihnen nunmehro auch von der XXIIten fig. zu ſagen, weil ſie nur darinn, daß ſie kleiner ausfält und ihrer natürlichen Schale, folglich auch des ihr vielleicht ebenfals eigen geweſenen Zierathes der Knötchen, beraubt iſt, ſich von der vorhergehenden unterſcheidet. Finden Sie aber dieſe Figur dennoch nach ihrer Breite in dem Verhältniß zu lang, und darinn noch von jener unterſchieden; ſo iſt dieſes allerdings bloß dem Verſehen des Mahlers zuzuſchreiben. Da einige Seitenknöpfe vom Steine bedecket ſind, welches ich nicht habe anmerken laſſen, ſo kann ich Ihnen die wahre Breite nicht angeben. Die ganze wahre Länge dieſes mitlern Kopfſchildes beträgt aber ſechs Linien. Bey dem ſchönſten und letzten Bruchſtück aber, das

ich

ich mir auch bis zulezt aufbehalten habe, werde ich mehr Worte machen müssen, um alle demselben eigene Schönheiten gehörig mitzunehmen. Daß es ein poröser weißgelber Kalkstein sey, den wir vor uns haben, daran liegt Jhnen und mir wohl wenig; desto mehr aber an der sonderbaren Gestalt, welche der darauf befindliche Steinkern des mitlern Kopfschildes uns in fig. XXIII. zu sehen aufgiebt. Nur schade ist es, daß wir ihn nicht ganz sehen, und wenn er ja für sich ganz ist, wie es fast scheinet, daß wir nicht den Zusammenhang mit den darauf folgenden Gliedern und Ringen gewahr werden können; denn der Raum a. h. c. i. b. d. ist leider gar zu sehr beschädiget, als noch etwas ordentliches darinn finden zu können; ob wohl ein Ueberrest des Steinkerns von a. bis c. und von d. bis b. hinlänglich lehret, daß die Zwischenfläche ehedem zum Ganzen gehöret habe. Bey demjenigen nun, was wir noch sehen, kommt es auf folgendes an:

1) Der äußerste fast halbcirkelförmige Rand, den Sie bey g. e. f. und bis an den folgenden Halbcirkel a. bis d. stoßen sehen, ist eigentlich

gentlich kein Rand des Kopftheiles, sondern nur die mit erhabenen kleinen Pünctlein besäete platte Fläche des Steines selbst, wovon ich hernach mehr sagen werde. Auf derselben erhebet sich nun

2) Der Körper a. e. d. jedoch allmählig und etwa zwey Linien hoch. Er stehet nicht unmittelbar auf dem scheinbaren Halbcirkel g. e. f. auf, sondern wird noch mittelst einer ringsherumgehenden Furche, die mit zarten Queerstrichlein gleichsam gezähnelt ist, davon abgehalten.

3) Diese Zähne der Furche, die in senkrechte Strichlein ausgehen, erfüllen bey nahe den ganzen Raum, der zwischen den beyden eigentlichen Halbcirkeln g f und h i befindlich ist. Dieser Raum kann als das äusserste von der eigentlichen Grundfläche des ganzen Kopftheiles angesehen werden. Er beträgt kaum eine halbe Linie und gehet zugleich mittelst einer sanften Erhebung in die Höhe.

4) Der innerste Halbcirkel h i ist aber für den eigentlichen und erhabenen oder abstehenden

henden Rand derjenigen Hauptfigur, die Sie im Kupferstiche noch erhabner sehen, zu achten. Sie sehen aber nicht nur in der Mitte einen erhabenen Fläschelförmigen und mit wenigstens zwey länglichten Seitenknötchen verzierten Theil bey k. sondern Sie werden auch finden, daß auf jeglichen flachen und abwärts nach dem Rande zu gehenden Seitentheile des Kopfschildes a e und e f, ohnweit des innersten Randes, und dem mitlern vorzüglich erhabenen Theile ganz nahe, ebenfals ein Knötchen zu stehen gekommen sey.

5) Das erhabene Strichlein zwischen h k und k i hänget mit dem innersten vortretenden Halbcirkel in eins zusammen, und scheinet dem ganzen Kopftheile ehedem die Grenzen gesetzet zu haben.

Bis hieher ist mir nichts fremd vorgekommen. Was mir aber noch schwer zu erklären ist, ist der äußerste fast halbcirkelförmige Rand, oder vielmehr die Fläche des Steines g e f, davon ich noch einmahl zu reden versprochen habe. Er ist es aber besonders darum, weil ich nicht begreifen

greifen kann, wovon die vielen Körnlein, womit er gleichsam besäet ist, ihren Ursprung haben solten. Wären es vielmehr zarte Grübchen, an statt es zarte Körner sind, die man hier siehet, so wolte ich gleich im Ernste behaupten, daß sie von einer zurückgeschlagenen Haut, die in dem natürlichen Zustande des Thieres den ganzen Kopfschild und besonders den gleichfals mit vielen Körnlein besäeten erhabenen Theil g e f d bedeckte, und folglich eine Gestalt von Erhebungen oder Wärzchen mit bringen muste, verursachet worden seyen. Es ließe sich auch dieses dadurch ganz wahrscheinlich machen, weil die Furche zwischen g e f auf beyden Seiten gezähnelt ist, und dieses anzudeuten scheinet. Der Mahler hat diese gezähnelte Furche nur mit Puncten und zarten Strichlein angezeigt. Indessen bin ich doch, wie ich schon gesagt habe, hiezu noch nicht befugt und dreist genug. Ich will es also von Ihnen hören, wie Sie mich über diesem Punct zurecht weisen werden.

Weil ich einmahl bey den Bruchstücken des Kopfschildes bin, so erlauben Sie mir zuletzt noch, daß ich eines andern, das von dem Ihrigen ebenfals verschieden ist, und sich in der Sammlung

des

des Herrn Hofrath Eltester zu Berlin befindet, jezt mit gedenken möge.

Die XXIV Figur stellet es Ihnen richtig dar. Und ohne weitläuftiger Anzeige werden Sie sogleich merken, daß der mitlere Theil des Kopfschildes a b c, so noch bey c mit seinem Ueberrest von natürlicher Schale versehen ist, gegen seine beyden Seitentheile d und e nicht nur verhältnißmäßig sehr groß sey, sondern auch wegen seiner dickbäuchigen Gestalt denen andern mitlern Fläschelförmigen Kopftheilen des Petrefacts ziemlich unähnlich ausfallen. Indessen beweiset der noch ansitzende erste Krebsschwanzförmige Ring bey f ganz deutlich, daß man in diesem Bruchstücke gerade das finde, wofür ich es gegenwärtig ausgebe.

Wie angenehm solte es mir doch seyn, wenn Sie mein Gönner darüber mit mir vergnügt seyn wolten, daß ich Ihre Seltenheiten durch diese kleine Betrachtung ans Licht gezogen habe.

Bin ich Ihnen etwa dabey zu genau und zu umständlich gewesen; so werden Sie mir dieses um so eher vergeben wollen, als ich eben damit einen der offenbarsten Beweise, daß es mir bloß

um

um Wahrheit zu thun sey, abgegeben habe. Und kann man denn auch wohl in einer Sache, die noch erst gewiß werden soll, allzu sehr genau seyn? Möchten Sie doch auch von nun an nur nicht mehr daran zweifeln, daß ich alle Pflichten der Hochachtung und Freundschaft, worauf Sie allerdings kein geringes Recht haben, ebenfals aufs genauste zu befolgen mir werde angelegen seyn lassen. Ich gebe mir zulezt die Ehre mich mit aller Aufrichtigkeit zu nennen

Ew. Wohlgebohrnen

C. den 1ten Jul.
1768.

ganz ergebenster Freund
und Diener
C. F. W.

Drittes

Drittes Sendschreiben
an den
Hohehrwürdigen und Hochgelahrten
Herrn
Herrn Johann Burchard Gentzmar

Pastorem Primarium und Probst bey der Hauptkirche zu Stargard im Mecklenburgischen:

worin

von einigen seltenen gegrabenen Conchylien und andern Versteinerungen des Thierreiches einige Nachrichten zur nähern Prüfung gesammlet sind;

abgelassen von dem Verfasser.

Hochehrwürdiger Gönner und Freund!

Hat es seit einiger Zeit (ich weiß nicht eigentlich warum?) mit unsern geschriebenen Briefen nicht recht fort gewolt; so will ich es nun mit Ihnen auf einen gedruckten Brief anfangen. Vieleicht entschließen Sie sich wieder

meinet-

meinetwegen die Feder anzusetzen, und Ihre wichtigere Amtsgeschäfte ein wenig zu meinem Vergnügen, wenigstens in den Abendstunden, zu unterbrechen. Ich hoffe dieses um so mehr, als ich mir jetzt die Ehre gebe Sie um einigen Unterricht anzusprechen. Und wer solte geschickter dazu seyn, wenn es auf die Petrefactenkentniß ankommt; Ihre lange Erfahrung; Ihre weitläuftige Correspondenz mit den grösten Naturkundigern unserer Zeit, Ihr vortrefliches Cabinet und Ihre bekannte Gütigkeit läßt mich gar nicht daran zweifeln, daß ich mich nicht jetzt an den rechten Mann gemacht hätte.

Ich habe vor kurzem in zwey einzeln Sendschreiben an die Herren M. und F. zu B. und R. die Sie auch vermuthlich werden gelesen haben, in Rücksicht auf den bisher sogenannten Conchitem trilobum vel laevem vel rugosum die Geschlechtsart des Originals einigermaßen zu bestimmen gesucht, und bin darinn von allen bisher bekannten Erklärungen der Petrefactenkenner nicht wenig abgegangen. Was meynen denn aber Sie dazu?

Damit aber die Conchyliologisten und auch Sie, mein Herr! wegen dieses scheinbaren Verlustes einer Gattung bey dem Geschlecht der Anomiten und Ostreopectiniten einigermaßen getröstet seyn mögen; so gebe ich mir zuförderst die Ehre Ihnen einen würklichen Muschelstein,

der

der schon dieses Nahmens, ein Conchites trilobus laevis zu heißen, werth ist, mittelst ein paar Zeichnungen vorzulegen, und dieses um so mehr, als er in meiner ziemlich starken Sammlung von Anomiten der einzige seiner Art ist, und selten zu seyn scheinet.

Ich habe übrigens wenig davon zu sagen, als nur dieses, daß er ein Pommerscher Fündling von brauner mit einem Theil seiner natürlichen Schale noch bekleideter Steinkern, und von derjenigen Art der Bohrmuschelsteine (Terebratula) ist, die man Anomias rotundas unica lacuna versus verticem directa, denaras nennet. Die XXV Figur zeiget Ihnen denselben von der Seite, um den mitlern am Rande ausgeschnittenen lobum in seiner Wölbung desto besser sehen zu können. Er gehet aber von dem Angel der weniger bauchigten und kürzern Schale, wo er spitz ist, und in seinem Fortgange immer breiter wird, bis zum ausgeschweiften Rande hin. Die XXVI Figur wird Ihnen dagegen von der breiten aufwärts gerichteten ebenfals ausgeschweiften und dabey vertieften Furche in der Mitte des Randes der zweyten mehr bauchigten Schale, und wie sich diese an jene erste Schale genau anschließet, einigen Begrif verschaffen; Gleichwie die XXVII Figur dazu dienen soll, das Verhältniß der beyden Schalen in der Gegend des Angels, wenn man den Muschelstein von dieser Seite vors Auge hält, wahrnehmen zu können: denn es

E 2 raget

raget hier die kürzere Schale mit ihrer umgebogenen Spitze nicht nur über die andere merklich hervor, sondern man siehet auch diese zweyte vorzüglich bauchigte Schale bey a und b platt gedruckt, und fast in der Gestalt eines gleichschenklichten Triangels.

Und weil ich einmahl über die versteinerte Bohrmuscheln gekommen bin; so denke ich Ihnen auch nicht mißfällig zu seyn, wenn ich einzelne saubere Hälften dieses Petrefacts, die nach ihrer inwendigen Gestalt merklich von einander abgehen, und weil sie keine steinigte Ausfüllung haben, sehr deutlich gesehen werden können, mit abzeichnen lassen werde.

Es sind diese noch natürliche ausgehohlte und fast durchsichtige Schalen sehr dick, und haben die Größe, die Ihnen der Mahler von der XXVII. bis XXXI Figur gegeben hat. Vermuthlich haben die Hocker, Rinnen, und Vertiefungen, die Sie hier sehen, ihrem Bewohner zur Lage und zur Bevestigung gedienet. Die XXXI Figur habe ich Ihnen zweymahl vorlegen lassen müßen, damit Sie bey der ersten, die nach der innern Wölbung gemacht ist, nicht nur die Vertiefungen und Erhabenheiten sondern auch dieses wissen möchten, daß diese Schale, so klein sie ist, dennoch aus zwo über einander liegenden und in einem gewissen Raum von einander abstehenden Schalen bestehe, daher sie auch sehr dick ist;

ist; die eine gehöret zur inwendigen Wölbung und die andere gestreifte giebt uns die äusere Gestalt der Muschel. Man würde diese doppelte Schale einer und eben derselben Muschelhälfte aber nicht so leicht gewahr werden können, wenn sie es nicht durch die beyden fast Nierenförmigen Löcher bey c und d, wo man ganz füglich und ziemlich tief mit einem Instrument hineinfahren kann, sichtbahr würden. Ob übrigens diese Löcher der Natur oder einem Zufall zuzuschreiben sind, will ich nicht entscheiden.

Die Figur XXXI b lässet Sie aber bey e und f denjenigen Ansatz sehen, den diese Muschelhälfte in der Gegend des Gipfels und hinter demselben hat. Er ist davon nicht nur mittelst eines tiefen Einschnittes sondern auch seiner Zurückbiegung wegen von dem übrigen Körper, mit dessen durchbohrten Gipfel er eine gleiche Höhe hält, eine gute halbe Linie abgehalten, und hat fast die Gestalt eines Triangels. Sie sehen ihn nach seiner innern Gestalt in der Figur XXXI. a bey lit. e. Wie klein muß doch der zu dieser dicken Schale gehörige Wurm gewesen seyn, da sein inwendiger Raum verhältnißmäßig so sehr eng ist! Und wie lieb muß ihn nicht die weise Vorsehung gehabt haben, da sie ihn so außerordentlich zu beschützen sich angelegen hat seyn lassen! Uebrigens dünket mir, daß man aus der Ihnen jezt vorgelegten innern Gestalt der Bohrmuschelsteine es sich begreiflich machen könne, warum gewisse Terebrateln, die jedoch nur Steinkerne sind, theils in der Mitte eine Art von Schwamme oder Spalt, die der Spalte der Hysterolithen ähnlich ist, vorzeigen; theils aber in der Gegend des Schlosses mit gewissen Erhöhungen und Vertiefungen versehen sind. Doch genug von dieser nicht gar zu unbekannten Sache; denn es ist Zeit, es brauf anzulegen, daß Sie mein Lehrmeister werden müssen.

Ich frage Sie also mit aller Ihnen gebührenden Achtung und Aufmerksamkeit, was Sie zuförderst aus den Gestalten machen wollen, die ich Ihnen in der XXXII bis XXXVten. Figur vorzulegen die Ehre habe. Der Mahler hat sie sogar nach ihrer Größe wohl ausgedruckt. Und ich weiß nichts mehr hinzuzusetzen, als etwa dieses: daß es ein mit vielen Körnern besäeter und gewölbeter Steinkern von brauner Farbe sey, der sich mittelst zweyer tiefen Furchen in drey von einander abstehenden Rücken theilet. Die beyden Seitenrücken a und b sind Nierenförmig und gleich breit; der mitlere längere und gewölbtere Rücken aber, so breit er auch mit seinem nach unterwärts etwas umgebogenen Rande bey c ist; so gehet er dennoch, nachdem er immer schmaler wird, auf der entgegen gesezten Seite bey d ziemlich spitz aus. Weil der Mahler dieses alles der großen Wölbung wegen mit einer einzigen Vorstellung nicht erreichen konnte; so hat er dieses Petrefact auch von der andern Seite in der fig. XXXIII. vorstellen müssen. Und

hier

hier bekommen Sie zugleich noch einen neuen dazu gehörigen Seitenansatz, der von einer dritten Furche verursacht worden, bey e zu sehen. Vermuthlich muß ein gleicher auch noch auf der entgegenstehenden Seite bey a gewesen seyn.

Und die XXXIV Figur, die ein kleiners ähnliches vom Steine ganz befreyetes Bruchstück vorstellet, lehret dieses ganz deutlich. Hier haben Sie vier Furchen und fünf Rücken zu bemerken. Der mitlere Eyrunde Rücken raget da, wo er merklich gewölbet ist, über die beyden zunächst stehenden Niererförmigen Rücken und fast bis auf ihrer halben Größe merklich hervor, wird aber um dieser Gegend herum mit einem mahl ganz schmal und vertieft, bis er wieder bey seinem Ausgang in b ein wenig an Größe zunimmt und damit eine Rüßelförmige Gestalt bekommt. Man könnte diesen Rücken vor sich allein betrachtet nicht unschicklich mit einem Vogelkopfe und dem daran sitzenden zugespitzten aber vorn breit werdenden Schnabel vergleichen. Ihn sowohl als die beiden nächsten Seitenrücken c d zieren Knötchen von verschiedener Größe nicht wenig. Mit eben solchen Warzen siehet man aber auch die zwo äußersten kleinern Ansätze e f ausgeputzet. Der Ansatz bey f ist größer als sein Compagnon, und hat, so weit sein jetziger Zustand das Auge unterrichtet, selbst, wenn man ein Glaß zu Hülfe nimt, fast die Gestalt eines runden in der Mitte vertieften Knopfes. Die beyden wirklich Nierenförmigen Seitenrücken c d, trennen sich aber von dem mitlern Rücken a mittelst ihrer Furchen nicht ganz. Vielmehr gehen die Furchen nur etwa auf der Hälfte des stark gewölbten mitlern Rückentheiles an. Und um Ihnen auch dieses sehen zu lassen, so hat der Mahler die hintere Seite dieses Petrefacts, wiewohl nicht deutlich genug, in der Figur XXXV. vorgestellet.

Und nun frage ich noch einmahl, mit welchem Original-Sie es vergleichen möchten, und mit welchem Nahmen Sie es beehren wolten. Käme es bloß auf die Benennung an; so könnte man es lapidem Trinucleum heißen. Diesen Nahmen bestimmte der noch berühmte Oxfordische Aufseher des Ashmoleischen Natur- und Kunst-Cabinets Eduard Luidius für gewisse dem unsrigen ähnliche Körper; So gar dehnte er den Gebrauch dieses Nahmens so weit aus, daß er selbst einige Exemplare von den sogenannten Conchitis trilobis darunter begriff. Weil die zweyte sehr vermehrte Oxfordische Ausgabe seines Werkes von 1760 *) noch immer eine Seltenheit

---

*) Der völlige Titel dieses Werkes lautet so: Eduardi Luidii apud Oxonienses Cimeliarchae Ashmoleani Lithophylacii Britannici Ichnographia. Siue lapidum aliorumque fossilium Britannicorum singulari figura insignium, quotquot hactenus vel ipse inuenit vel ab amicis accepit, Distribu-

heit in den Händen der teutschen Steinkerner ist; so habe ich in der XXXVI. und XXXVII. Figur die daselbst auf der 22ten und 23ten Tafel mitgetheilten und mit dem Nahmen eines Drey=kerns belegten zwo Zeichnungen entlehnet, und vielleicht auch Ihnen einen Gefallen damit erwiesen. Ohne Zweifel lehret Sie nun aber die Verschiedenheit der Gestalten, daß der Nahme Trinucleus nicht nur für sich sehr unzureichend, sondern auch bey den Körpern nicht gleich gut zu kommen könne. Die jezt entlehnte XXXVI. Figur

stributio classica: Scrinii sui lapidarii Repertorium cum locis singulorum natalibus exhibens. Additis rariorum aliquot figuris aere incisis; qum Epistolis ad Clarissimos Viros de quibusdam circa marina fossilia et Stirpes minerales praesertim notandis. Editio altera: Nouis quorundam speciminum Iconibus aucta. Subiicitur Authoris Praelectio de Stellis marinis etc.

Nusquam magis erramus quam in falsis inductionibus: saepe enim ex aliquot exemplis vniuersale quiddam colligimus; idque perperam, cum ad ea quae excipi possunt, animum non attendimus, *du Hamel*, Oxonii, e Typographeo Clarendoniano MDCCLX. 8. mai. pagg. 156. sine Praefat. et Ind. Tabb. 25. Der Herr Heraus=geber ist Wilhelm Huddesford, ein Nachfolger des Luidius in seinem Amte. Die erste Londner Ausgabe von 1699. in 8. ward in demselben Jahre zu Leipzig in octav Format nachgedruckt, und be=trägt 11 Bogen, mit 16 Blat Kupfer. Man kann schon hieraus von der Vermehrung dieser neuen Ausgabe etwas urtheilen.

gur ist in den beyden Sendschreiben schon oft
und besser, aber unter andern gleich unbeque-
men Nahmen da gewesen. Und die XXXVII. Figur wird denjenigen, die jezt meine Anfrage an
Sie veranlassen, den Rang ebenfals nicht strei-
tig machen. So viel ich sehe; so würde man
diese beyden Ihnen jezt von mir in den Figuren
XXXII. bis XXXV. vorgelegte Petrefacten ganz
schicklich für abgesonderte Kopftheile des bisher
sogenannten Conchitae trilobi rugosi halten müssen. Und warum solten sie nicht in der Gestalt
und Größe von den in dem vorstehenden zweyten Sendschreiben erwehnten merklich gnug abgehen? Noch haben wir das wenigste von diesem
Petrefact in allen seinen Abänderungen zu Gesichte bekommen. Vielleicht sehen auch unsere
Nachkommen niemals das eigentliche und be-
stimmteste Original, oder alle Arten und Ver-
schiedenheiten desselben, weil der Aufenthalt des
Wurmes aller Wahrscheinlichkeit nach, in der
tiefsten See seyn muß —. — O wie eingeschrenkt
wird nicht noch das Wissen selbst den spätesten
Bewohnern des Erdbodens bey aller ihrer An-
strengung nach Naturkentniß bleiben müssen.
Gott hat wirklich auch auf dieser Welt mehr
Meisterstücke und Schönheiten, als wir je zu
Gesichte bekommen sollen, versammelt, und warum? Nicht nur auch hierinn ein verborgener
unermeßlicher Gott zu seyn, sondern auch uns in
dem lebhaftesten Bewußtseyn unserer Einschren-
kung, und in der beständigen Hofnung an Weisheit

heit und edeln Vergnügen immer reicher zu werden, zu erhalten. Weiser und gütiger Gott! — — — Aber wieder zur Sache; Solte ich allenfals wegen dieser nach den Gründen der Aehnlichkeit angebrachten Muthmaßung Ihren Beyfall nicht erhalten können, so weisen Sie mich nur bald auf so etwas, das dem Gegenstande angemeßner ist. Wenigstens werde ich es doch noch besser getroffen haben als Hermann in seiner Maslographie. Er ist, so viel ich weiß, der einzige Lithologe, der Tab. XI. No. 45 ein dem unsrigen ähnliches Petrefact schon vor mir aus der Dunkelheit an das Licht gezogen hat. Mit seiner beygesetzten Beschreibung aber, daß es ein Echinites minor cordatus tuberculatus et binis inciliis donatus sey; werden Sie vermuthlich nicht zufrieden seyn können.

Wir wollen aber nun auf etwas anderes kommen. Die fig. XXXVIII. bietet Ihnen einen Stein von Stargard in Pommern dar, der weiter nichts als eine gehäufte Maße lauter solcher Gestalten ist, wie Sie etwa am deutlichsten bey a sehen können. Mit der Hülfe eines Vergrößerungsglases siehet man aber die Gestalt noch deutlicher und gerade so, wie es bey b und c vorgestellet ist. Einigen lässet es auch, nachdem vielleicht ihrer zwo allzunahe und verkehrt neben einander zu liegen gekommen sind, als bey lit. d. Ich will Ihre Einbildung nicht gern zu sehr in

Be-

Bewegung setzen; sonst könte ich Ihnen allerley Bilder, denen diese Gestalten ähnlen, ins Gemüth bringen; Nur dieses muß ich Ihnen sagen, daß der mitlere Kegelförmige Körper erhöheter ist, als die Seitentheile rings um ihn herum, und daß es lässet, als wenn er mit seiner Schwere einigen Eindruck in der Mitte seiner Unterlage zu verursachen vermögend gewesen wäre. Diese Unterlage ist auch nicht flach sondern gleich einem voll ausgestopften Bette gewölbet. Indessen nimmt die Wölbung ab, je mehr sie sich dem Rande nähert. Und da dieser zuletzt in einen platt liegenden Saum rings herum ausgehet; so erhält das Petrefact damit noch mehr eine eyrunde Gestalt. Die Farbe dieser kleinen Körper ist übrigens schmutzig lichtbraun, gleichwie der dazwischen liegende Steinkütt etwas heller ausfället. Was wollen Sie nun aber daraus machen? Soll es eine Patelle? ein Conchites trilobus laevis? oder was soll es seyn? Und wo ist sein Original? Da sich diese Steinmassa ohnweit Ihrer Gegend aus der Prenzlauer Sandgrube herschreibet; so haben Sie seines gleichen ohne Zweifel auch schon gesehen? Der berühmte Schwede Magnus von Bromell hat ebenfals dergleichen in Wesigothland bey dem Closter Warnheim gefunden und hielt es für werth uns in den Actis literariis Sueciae 1729 S. 527 einen Abriß davon zu geben. Seine Benennung aber, da er ihn lapidem insectiferum nennet, wird Ihnen so wenig, als mir hinlänglich seyn. Viel-

Vielleicht haben Sie schon die Kleinigkeiten, womit der in der XXXIXten Figur abgebildete auch graue Havelbergische Muschelstein erfüllet ist, näher kennen lernen als ich? Wie sie sich mittelst des Augenglases in meinem Exemplar sehen lassen, zeigen Ihnen die in dem ledigen Raum befindliche Abrisse. Sollen es Fischzähne oder Muschelarten seyn?

Noch nehme ich mir die Freyheit Ihnen ein paar Anomiten von besonderer Gestalt zur Beurtheilung vorzulegen. Der erste ist in der fig. XL bis XLII nach verschiedenen Lagen abgebildet. Es ist aber nur ein Steinkern von mürber gelber Ochererde. In der XL. fig. sehen Sie die gewölbter und kürzere Hälfte, besonders aber den in der Mitte eingebogenen Rand der Muschel, wo beyde Hälften mittelst ihrer ungleichen langen Furchen und Zähne in einander greifen, nebst einem Theil der Gestalt, die sie in der Gegend des Gipfels hat.

In der XLIIten Figur können Sie dagegen auf derselben Hälfte den Herzförmigen erhabenen Schild, der die Mitte der Muschelhälfte einnimmt und bis an den Gipfel oder Schloß derselben reichet, und die Schildförmige Vertiefungen zu beyden Seiten dieses Schildes noch genauer beurtheilen; gleichwie Sie bey der XLI. Figur von der zwoten längern, flachern, jedoch
auch

auch Schildförmig gestalteten, in der Mitte mit einem Spalt versehenen und dem Schloß gegen über am Rande in der Mitte eingebogenen Muschelhälfte sich ebenfals einigen Begrif werden machen können. Mir wenigstens ist noch keine Abbildung oder Beschreibung dieses Anomiten zu Gesichte gekommen.

Und eben so wenig weiß ich Ihnen von dem andern, dessen ich jezt gedenken will, etwas bey den Schriftstellern nachzuweisen.

Ich besitze zwey etwas verschiedene Exemplare, aber nur allein die grössern Muschelhälften. Beyde haben eine gedoppelte Zeichnung erfodert, um Ihnen ihre Gestalt und natürliche oder bauchigte Größe ganz sehen zu lassen. Und weil denn auch hier eine Beschreibung nicht ganz überflüßig seyn kann; so fange ich es mit der in der XLIIIten Figur bey A und B vorgestelten zu erst an.

Die noch natürliche aschgraue sehr dünne und mit einem gelben dichten Kalksteine ausgefüllte Schale ist in diesem Exemplar, die beyden ungleichen Seitenflügel a und b mit gerechnet, einen starken Zoll breit. Vom spitzengeraden Schlosse an gehen etwa eilf bis zwölf starke halbcirkelförmige dicht und zart in der Länge gestreifte Runzeln, die immer stärker werden, über dem etwas gewölbten halben Leib der Muschel

weg

weg. Ich sage den halben Leib; denn von diesem runzlichten Theil, der einen halben Zoll an länge beträgt, und besonders von der letzten stärksten Runzel c d gehet die andere Hälfte des Leibes unter einem fast rechten Winkel umgebogen mit einem mahl unter sich weg, und ist daselbst mit ihrer flachern zart in der Länge gestreiften Schale ebenfals noch einen halben Zoll lang. Die XLIIIte Figur B wird dieses deutlich machen.

Das andere Exemplar dieses Anomiten, wozu die Figur XLIV. A. B. gehöret, ist in der Hauptsache seinem eben gemeldeten Compagnon ganz ähnlich. Der Unterschied ist bloß dieser, daß die natürliche Müschelschale hier weiß silberfarben ist, und daß man wenigstens den einen Seitenflügel nicht nur länger als bey dem vorhergehenden, sondern auch so gerunzelt, wie der halbe Leib selbst ist, sehen kann. In der Mitte dieser ersten Leibeshälfte habe ich etwa neun bis zehn Runzeln gezehlet. Bis ich einen geschicktern Namen für beyde Exemplare von Ihnen hören werde, will ich sie Conchitas Rhomboidales anomios. inaequilateros nennen. Vielleicht wissen Sie mir aber auch wohl gar das dazu gehörige Original nachzuweisen.

Da Stargard in Pommern mir dieses Petrefact hergegeben hat, so wünsche ich, daß Stargard im Mecklenburgischen Ihnen auch schon dergleichen abgeliefert haben möge.

F Jetzo

Jetzo aber erinnere ich mich, daß kein Brief allzulange seyn müsse, und denke also billig auf den Schluß des jetzigen. Damit doch aber auch nichts von dem Jhnen bestimmten Blatte leer bleiben möge, so will ich nur noch ein anderes Petrefact, das gewiß selten genug ist, zur Hand nehmen. Ich habe meinem Gönner zu Zelle, dem Herrn Hofmedicus Taube die Kenntniß desselben zu danken. Und schon die Seltenheit allein, macht es eines wiederholten Abrisses werth, ob mir gleich bekannt ist, daß albereits der seel. D. Brückmann, in seiner Epist. Itin. LXIV. zu erst davon als von einer Seltenheit etwas Nachricht gegeben, und die Zeichnung der obern Seite allein mitgetheilet habe. Anfänglich wußte er nicht, was er damit machen solte. Nachher aber hat er in den Actis Physico-Medicis Acad. N. C. Vol. IX. Noriberg. 1752. 4. S. 116. und Tab. V. fig. 3. die wiederholte Abbildung mit einer Erklärung versehen, die sich ganz wohl hören lässet. Es soll nehmlich dieses Petrefact ein Zahn eines Seefisches seyn. *Artedi* in Generibus piscium n. 19. p. 60. nennet das Geschlecht Ostracionem conico oblongum aculeis undique densis basi triquetris horridum. Ob es aber allen Arten oder nur einigen derselben eigen sey, daß sie in der Mitte der obern und untern Kinnlade zur Zermalmung ihrer Nahrung dergleichen theils vierkantige, theils rundliche Zähne verwahren, und welcher Art der Schalfische der abgebildete Zahn zu gehöre., ist dennoch bisher unbestimmt geblieben. Und um so weniger halte ich es für überflüßig, Ihnen einen genauern Abriß davon mitzutheilen.

In der XLVten Figur finden Sie die obere Seite desselben. Von den sieben erhabenen oben scharfen und fast gebogenen Ribben, welche mit ihren sechs Furchen sehr glat, glänzend, dicht und gelber Farbe sind, ist die erste und lezte die schmaleste und niedrigste. Rings herum ist alles so dicht mit kleinen glänzenden Wärzgen, als man sie etwa in einer Ochsenzunge findet, und noch dichter besäet. Diese Wärzgen mit dem Augenglase betrachtet gleichen aber kleineren Zähnen, und daher sind sie auch rauh anzufühlen. Weil bey a etwas abgebrochen ist, so siehet man ganz deutlich, daß diese jezt eben beschriebene rauhe Schale eine Linie dick und vollkommen beinartig ist. Der untere Rand des Zahnes gleichet einem etwas faltigen und gerunzelten Schwamme. Sie können dieses in der Figur XLVI, welche die untere Fläche des Petrefacts vor Augen legt, sehr deutlich sehen. Diese untere Fläche ist weiß, kalkartig und porös, und bestehet in ihrer Mitte aus vielen sehr zarten in einander gedreheten und zum Theil offenen runden Röhren, so daß man es von dieser Seite leicht für einen Corallenschwamm halten könnte. In der XLVIIten Figur sehen Sie aber den Zahn von der einen dickern Seite, als

F 2 wo

wo er   seiner   mittelst einer sehr tiefe   glei   t ist. Vermuth-
li   iese   den Zahn mit der
           desto genauer zu verbinden und zu
befestigen.

Und nun muß ich schließen. Mein volles
Blatt erlaubt mir nur noch Ihnen die aufrich-
tigste Versicherung zu geben, daß ich Ihre Ver-
dienste auch un   verkennen, und
mich glücklich s   wenn Sie es mir
weiter erlauben w   inen zu dürfen

Dero

C. den 3ten Aug.
1768.

ganz ergebenster Freund
und Diener
C. F. W.

Bergpsalmen.

Dichtung
von
Joseph Victor von Scheffel.

Bilder
von
Anton von Werner.

Lichtdruck von J. Schober in Karlsruhe.

Stuttgart.

1868.

Druck von A. Bonz' Erben in Stuttgart.

Bergpsalmen.

Ecce super montes pedes
evangelizantis et annun-
ciantis pacem.
>Esaias 52, v. 7.

Ein rauher Pfalm raufcht durch den
Tann;
Ihn fingt ein frommer deutfcher Mann,
Der jetzo vor neunhundert Jahr
Zu Regensburg ein Bifchof war.
Aus Kaiferfehde und Fürftenftreit
Floh er zur Alpeneinfamkeit,
Denn wo der Haß in Waffen toft
Ift Hochgebirg des Weifen Troft.
Am Aberfee fein Kirchlein ftand,
Doch heut dem Pilger wohlbekannt,
Und auch wer keinen Ablaß fucht,
Denkt fein im Horft der Falkenfchlucht.

Ausfahrt.

.. Memet in ardua fixi

Ausfahrt.

Landfahriges Herz, in Stürmen geprüft,
Im Weltkampf erhärtet und oftmals doch
Zerknittert von schämigem Kleinmut,
Aufjauchze in Dank
Dem Herrn, der dich sicher geleitet!
Du hast eine Ruhe, ein Obdach gefunden,
Hier magst du gesunden.

Hier magst du die ehrlich empfangenen
                    Wunden
Ausheilen in friedsamer Stille.

Steil, mauergleich, eine senkrechte Wand,
Vor Schneesturz beschirmend und Wild-
                    bacherguß,
Umtürmt der Felsgrat die Halde.
Es wölbt sich darin
Manch Höhlengeklüft
Zur Stätte dem einsamen Beter.
Vom See bis zum Scheitel in dunkler
                    Pracht
Steigt tannenumschattete Waldesnacht,
Kein Pfad führt empor als Verräter.

Schon hebt sich das Blockhaus, des Sied-
                    lers Palast,
Von riesigen Stämmen gezimmert und
                    rings

Mit Moose verstopft in den Ritzen.
Schon faßt ein Brunnen an lauschiger
	Stelle
Die silbern helle,
Die langgesucht glücklich gefundene
	Quelle.
Wie mundet ihr Trank erquicksam und
	labend
Dem rodenden Manne, der müde am
	Abend
Sein Beil dort lehnt an die Steinbank.

Auf, Falkenschuchtklausner, und hoch-
	gemut!
Vergiß deinen goldschweren Bischofshut,
Deinen Elfenbeinkrummstab, dein
	Münster.
Schwing dich mit befreiter Seele Macht
In die Gottespracht,

Die menschengelärmlos entgegen dir
lacht:
Rauhzackige Gipfel umsäumen die Höh',
Fern unten erschimmert smaragdgrün
der See,
Vom kreisenden Habicht umflogen.

Mit rüstiger Arbeit und rüstigem Beten
Verscheuch die Versuchung und trotze den
Nöten,
Die Weltfernen drohn in der Wildnis.
Dem Bienengesumme im Wiesengeblüm,
Fromm lausche du ihm
Und trachte nach Honig der Weisheit.
Ein Hauch des Allmächtigen schwebt ob
dem Land,
Und greifst du zum Psalter mit schwieliger
Hand,
So fliehn die Dämonen und Teufel.

Hoch ist's, wie David der König gepsalmt:
Wie dick auch der Nebel der Thorheit er-
    qualmt,
Mit dem Frührot scheucht ihn die Sonne.
Siegkühn wie ein Bräutigam kommt sie
    heran
Und freut wie ein Held sich zu laufen die
    Bahn
Strahlend allum.
Die Himmel verkündigen Gottes Lob,
Seine Hand ist's, die unser Erdlein wob,
Laut sagt ein Tag es dem andern.

Sturm.

Sturm.

Sturm kam geschnoben
Mächtig mit Toben,
Mit sausendem Braus, mit Blasen und
Rasen;
Aufstöhnte der Wald
In des Bergföhns Gewalt.
Durch Fugen und Ritzen der Blockhaus-
stämme
Drang spottend der sorglichen Moosver-
schließung

Schneidiger Hauch. Er scheuchte vom
 Schragen.
Und ich hub mich hinaus vor die Pforte
 der Klause
Barhäuptig, flatternden Bartes,
Und ich beugte ein Knie, demütig er-
 schauernd,
Denn ich erkannte die Stimme des Herrn,
Der auf Flügeln des Windes im Sternen-
 schein
Gewaltig dahin fuhr.
Er aber sprach mir:
„Lange hab' ich nicht Umschau gehalten,
Ließ wuchern und wachsen das Menschen-
 gewächs
Wie die Sträucher des Waldes, neben-
 einand
Gut und bös.
Nun gehn meine Wege im Wetter und
 Sturm,

Nun ist mein Wille, ein Zeichen zu geben,
Das die Spreu gemahnet, das sie nur
 Spreu ist,
Das den faul und brüchig Gewordnen im
 Geist
Den Meister weist.
Und wie ich über den Bergwald itzt brause,
Den Bäumen unhold,
Alte entwurzelnd, junge im Wipfel
Schüttelnd und knickend, daß sie ärchzen,
Also ereile ich draußen die Lande,
Will ihre Städte und Märkte umpfeifen,
Um manch ein wohlumschupft Gottes-
 hausdach
Trotz sorglich gepflegten Gebets und Ge-
 sangs
Und ewigen Lichts
Soll sich ein Schindelgewirbel erheben,
Der Wohnsitze Grundvesten sollen er-
 schüttern,

Daß der Zechtisch erdröhnt und hoch vom
Gesims
Der Becher dem Becher aufs Haupt stürzt.
Keine Ruh' sei vergönnt zu nacht-
schlafender Zeit;
Wer minnebegehrsam zur Liegerstatt
schleicht,
Dem entschwanke, im Fußgestell zitternd,
sein Bett
Und verleid' ihm die nächtigen Spiele.
Gewässer und Ströme will ich durchfurchen,
Daß die Schiffe von jäh sich aufkräusen-
den Wellen
Brandend zerworfen in Splitter zer-
schellen.
Heimsuchung komm' über Hütte und
Haus!
Heimsuchung komm' über Burgen und
Vesten!
In Wolken lagernd erschau ich der Wälle
Umerkerte Türme, Trunkenen gleich,

Sich wiegen, sich biegen
Und endlich mit dumpfem sterbseufzendem
                    Krach
Hinsinken in trockenen Graben.
Dicht hebt sich um die Geborstenen dann
Wie aus jäh aufplatzendem Hexenschwamm
Erstickend Gewölk
Von Trümmergestäub,
Von Mehl, das der Wurm im Gebälke
                    ernagt,
Von morschendem Moder und Schwaden.
In die Lüfte zerstieben seh' ich den Qualm,
Seh' alles erheben, zerbrechen und fallen
Und gräme mich nicht!
Die Lande durchschütternd schwing' ich
                    mich weiter,
Starkfröhlich und heiter,
Ich, der Herr!"

Nebel.

Nebel.

Herr, meine Seele schwebt in Bangnis,
Nachtgrauen umfängt sie;
In finsteren Klüften schier allzulang nistend
Ward sie des Lebens wildwärmendem Licht
Nahezu fremd.

Herr, schirme mich!
Umtrübt von der Einsamkeit fressendem Rost
Ruf ich zu dir um Stärkung und Trost.

Denn furchtsam zur Höhle sich bergend
                    Verzagen
Ziert nimmer den Mann,
Der dir zu dienen Gelöbnis gethan.

Was heischt ihr von mir,
Die ihr gespenstig dem Seegrund entsteigt
Und frostgrau des Klausners Asyl über-
                    fliegt,
Bleiches, weiches,
Schweifendes, streifendes,
Irrendes, schwirrendes
Nebelgezücht?

Herr, lehre mich beten im Dämmerschein;
Der Waldnacht Phantasmen stellen sich ein
Mit unheimlicher Pein.
Lehre mich beten dein eigen Gebet,
Das du, die Erde beschreitend gleich uns,

Als Meister vom Berg deine Schüler
    gelehrt;
Wehe! die angstgeschüttelte Seele
Weiß deine Worte kaum mehr zu sam-
    meln,
Kaum die eine Bitte noch weiß sie zu
    stammeln:
„Führe uns nicht in Versuchung!"

Sieh das Gewölk!
Sonnenfeindliche Schleiergestalten
Recken und strecken empor sich vom See,
Durchhuschen den Tann und durchhu-
    schen die Halden
Und fliehen und ziehn,
Als ob sie mich suchten, herauf nach der
    Schlucht.
Hinweg, hinweg, feuchtdunstiger Dampf,
Von Finsternisgeistern zu finsterer Kurz-
    weil
Den Guten ins Antlitz geblasen!

Bänglich umfaß' ich den Holzstamm des
 Kreuzes.
Seele, was sinnst du?
Sie sinnt ob dem Heimweh der Einsamkeit.
Was Narrheit, denkt sie, hat mich verthört,
Der Wildnis Entbehrung zugekehrt,
Schier jeglichem fern, das Ergötzen ge-
 währt?

O Regensburg, Segens- und Fluch-werte
 Stadt,
Hatt' ich dort nicht, was Gott und den
 Menschen genehm?
Hatt' ich nicht meinen herrlich erbauten
 Palast,
Meinen prangenden Hof, meiner Dienst-
 mannen Schar,
Meine stattlichen Reiter und Ritter?
Stand die Insul nicht schön dem ergrau-
 enden Haupt?

War ich, ihr Träger, nicht höchlich geehrt,
Herzogen gleich, Königen Freund,
Dem Kaiser ein oftmal erbetener Rat?
Was säum' ich, was säum' ich, zurück mich
            zu wenden,
Zurück in die Welt, in die schimmernde
            Pracht,
Die der Starke beherrscht mit des Geistes
            Macht
Und die nur der Schwache verachtet?..

Weh! immer dichter schart sich's zusam-
            men;
Hält heute der Nebelmann Tanz in den
            Wolken
Mit der Nebelfrau und dem ganzen Gesind?
Was kocht ihm der Hase, was braut ihm
            der Fuchs?
Sieh das Gewölk!
Regengrau faßt es den Falkenbergsforst,
Licht leis ihn verhüllend,

Ganz ihn erfüllend
Mit dichtem gespenstig unheimlichem Qualm.
Sie kriechen und schleichen wie listige Feinde
Die Halden entlang;
Das Letzte, woran noch das Aug' sich ge-
　　　weidet,
Der Schattenbäume grünlabendes Bild,
Sie löschen es aus,
Alles umspinnt sich mit nächtigem Graus!

Kaum ist er oben, flieht er zerstoben,
Vorwärts gejagt und von dannen geschoben,
Und neue Scharen eilen im Flug
Den ersten nach!
Hei, wie sie drängen und nahen und kommen!
Das Nebelheer hat meinen Engpaß er-
　　　klommen,
Von allen Seiten quillt es herein
Und füllt ihn mit dämmerndem bläßlichem
　　　Schein.

Finstre Gewalten,
Nachtluftgestalten,
Seid mir verflucht!
Was durchhetzt und durchsetzt Ihr die Fal-
 kenwandschlucht?
Thut Widerstand, sage, so ihr's ver-
 mögt,
Stellt euch dem Föhn, der den Lachen
 euch schlägt,
Rauft euch mit ihm, so ihr Kampfspiel
 begehrt,
Ficht mit mir!

Umsonst. Mein beschwörender Bann
 prallt ab.
Krallend sich ballend,
Gleitend sich spreitend,
Keuchend sich scheuchend jagt alles dahin,
Ein unzähliges Volk, ein unseliges Fliehn.
Ich seh' euch erwogen in sausendem Flug.

Sagt an, ihr im spukhaft zerrinnenden
        Trug:
Kenn' ich Euch??

. . . Sie schweigen und neigen
Die blassen Häupter,
Sie blicken und nicken
Und schießen vorbei. . .

Wer ist euer Meister?
Seid ihr in Kümmernis irrende Geister,
Verstorbener neckisch unruhige Seelen,
Die sich zur Erlösung die Einsamen quälen?
Seid ihr lebendige Genossen der Zeit,
Die den Körper mit zaubrischen Künsten
        gefeit,
Die sich verwandeln in Waldschratsweise,
Die nebelverkappt ausziehn auf die Reise,
Dem Herrn zur Verhöhnung, dem Satan
        zum Preise?

Dicht quillt es und dichter.
Steh Rede, Gelichter:
Wohin, wohin, ohne Rast und Halt?
Und wer bist du, wildschwebende Große
Auf weißem entschnaubendem Wolkenrosse,
Nebelvermummte,
Die schleierumhüllt
Ihr Antlitz mir abkehrt,
Doch greifenden Armes mich strebt zu er-
   eilen,
Als sollt' ich Sattel und Ritt mit ihr
   teilen?
Zählst du zu den siebenundzwanzig Wal-
   kyren,
Die des Sturmes berittenen Reigentanz
   führen,
Kommst du von der Donau sumpfiger
   Niedrung,
Wo gleiche Geister mich einst umwallten,
Da ich, ein andrer denn hier in der Klause,

Als Gast im heidnischen Königshause
Stolz zu Rosse und reitensfröhlich,
Im Antlitz funkelnder Augen selig
Einer stolzen Reiterin zur Seite dahinflog?

.. Was pfeift der Windstoß? Wer wird
 hier verhöhnt?
Weß mahnt mich sein Rauschen, das mächtig ertönt,
Wie Gesang in der Nacht?

Weh mir! ich erliege den Nebelgesichten!
Herbei, herbei und zur Hilfe, Genossen,
Das Bethaus erschlossen,
Ziehet die Stränge und läutet das Glöcklein,
Das die Dämonen der Wildnis verscheuche.

Die letzte Kraft
Hat der Herbstwolken Feuchte mir aufge-
 sogen,

Mein Haupt wird schwer,
Mein Herz unsündiger Wünsche leer,
Erloschene Gluten lodern empor,
Verstöre mich nicht —
Erhöre mich nicht —
Verzehre mich nicht —
Unholdine
Valandine,
Werwölfisch Gespenst, das die Seele benagt,
Unselige Erinnerung seliger Jagd, . . .
. . . . Herr, führe uns nicht in
Versuchung!

Sonnenschein.

Sonnenschein.

Beschuhe den Fuß, Falkenschlucht-
     klausner!
Entheb dich der Zelle,
Die Sonne lacht helle.
Nach Nebelgewog, nach unendlichem Grau
Steht der Himmel gebadet im Maimorgen-
     tau
Und leuchtet verjüngt in erquickendem
     Blau.

Auf und hinaus im sonnigen Licht,
Über moosumsponnenes Trümmergefels,
Wo jenseit zahllos erdunkelnder Stämme
Fernwogend durchschimmert der Fluten
              Grün,
Zum See laß uns ziehn!

Ein Bischof,
Und wenn er entsagend zur Wildnis ge-
            gangen,
Denkt allzeit, sich etwas zu fahen und
            fangen;
Sind's Seelen nicht,
Sei's doch für den magern vielfastenden
            Tisch
Ein Fisch!
Auch Petrus, eh' Menschenfischer er ward,
Hat nicht sich den Mühen des Netzwurfs
            gespart.

Fanggarn hervor, Stricke und Zeug!
Hinaus an die Falkenwand wollen wir
                            rudern,
Ob an der Angel, die jüngst wir gelegt,
Sich Beute bewegt.

Aus felsumschlossenem Waldversteck
Fürsichtig betret' ich der Seebucht Ecke,
Allwo an lauschig verborgener Lände
Ein Fahrzeug ruht, das Werk unsrer Hände,
Ein Einbaum.

Fürwahr auch der strengste im Tadeln und
                            Schmähn
Wird nimmer gestehn,
Daß er am Kahne, den hier wir erbaut,
Zu viel von Pracht,
Zu viel von Kunst und Verschwendung er-
                            schaut.

Ein Eichstamm, rauh, wie das Beil ihn
            gefällt,
Freihändig geschnitzt und ausgespellt,
Besargendem Totenbaum gleich an Gestalt,
So liegt unser Schifflein im Hafen.
Kein Mast, kein Steuer, kein Standbild am
            Kiel,
Kein prunkend Spiel
Von eherner Zierat, von Borden und
            Zinnen
Schmeichelt den Sinnen.
Ein gröblicher Baststrick von Weidengeflecht
Ist als Schlinge dem gröblichen Ruder ge-
            recht.

Sei gegrüßt mir, einsamer Abersee!
Spärlich umwohnter, spärlich befahrner,
Hochwaldumkrönter, in düsterem Schein
Der Tannen düster Gewipfel erspiegelnd:
Sei gegrüßt mir, See! Ich fühle mit dir,

Wie die Flut jungfräulich sich sträubend
    erbebt,
Daß ein fremder Mann
Sie dienstbar sich macht aus beherrschen-
    dem Kahn.
Noch sind wir Menschen die seltene Gäste,
Noch kennt uns kaum deiner Wälder Gewild,
Und weil es uns nicht kennt
Scheut es uns nicht.
Brütend sitzt in des Felsufers Spalt
Die Taucherente,
Bleibt unbeirrt sitzen und flattert nicht auf,
Kaum dreht sie den dummen beschopften
    Kopf
Vornehm nach dem Schiffer.

Sing deinen Lobsang, Falkenschlucht-
    klausner,
Rudre und sing ihn, daß laut er erschalle,
Daß er den Unsichtbaren gefalle,

Die den See umschweben als Geister des Orts,
Ungewohnt menschlicher Stimme.
Hosiannah!
Dank sei dem Herrn!
Ihm, der mich reicher und mächt'ger hier
macht
Als drunten, gehüllt in den Goldbrokat,
Von schleppetragungwilligen Dienern um-
schwärmt,
Gedrückt von des Hirtenamts Sorgen.
Und trüg' auch mein Krummstab verdreifacht
Gewalt,
Wär' Böhmen und Mähren ihm unterthan
Samt allem Bezirk,
Den der Czechen halbgläubig Volk itzt be-
wohnt,
Samt Praga, der moldauumrauschten
Stadt,
Und dem Wyssehrad,
Was frommt es viel?

Schreit' ich hier nicht in des Allmächtigen
   Schirm,
Ein König, ein hoher Priester zugleich,
Durch des Uferwalds nächtiges Dunkel?
Trink' ich hier nicht in vollerem, reinerem
   Zug
Der Sonne Goldstrahl, des Himmels Blau,
Der Tannen balsamischen Harzduft?
Und wächst die Seele nicht mächtig heran?
Fühl' ich nicht, wie im einsamen Zwiespruch
   mit Gott
Sie täglich erstarkt,
Wie sie in des werdenden Schmetterlings
   Weise
Mit Flügelzucken, ahnend und leise,
An die Wände der Körperumpuppung rührt,
Fragend: „Heia, wann schweb' ich empor,
Ein verjüngt Geschöpf,
Empor in den Äther, entgegen dem Licht
Frei und rein?" —

Langsam jetzt!
Schon rudr' ich zu Füßen dem Falkenstein,
Der mit breiter, mit felsgewaltiger Stirn
Herniederschaut, beängstigend schier.
Ein winzig Insekt, ein Pünktlein im See
Beschwimm' ich die Flut;
Zu Häupten dräut ungeheure Wucht
Der steilen Schlucht.

O verplaudere nichts,
Verrate nicht, seeumspült pfadlose Wand,
Daß droben im Rücken dir, keinem be-
                                    kannt,
In heimlichen Spalten,
Wo Alpengras würziger Bergeshalden
Die Ziegen ernährt, eine Klause steht.
Verrate nicht, wer sie behorstet.
Sing deinen Lobsang, Falkenschlucht-
                                    Klausner,
Rudre und sing ihn, daß laut er erschalle,

Daß er den Unſichtbaren gefalle,
Die den See umſchweben als Geiſter des Orts,
Ungewohnt menſchlicher Stimme.
Hoſiannah!

Glückauf, ein günſtiges Zeichen geſchieht,
Der See erblüht!
Von ſpielenden Winden gewiegt und ge-
tragen
Kommt der Tannen feinduftiger Blüten-
ſtaub
Herniedergeſchwebt
Und ſetzt ſich und lagert in zartem Ge-
ſpinſt
Licht ſchwefelgelb, wie ein Seegebild,
Auf der ſchwarzgrün erdüſternden Fläche.
Weich aus, mein Kahn, daß der Ruder-
ſchlag nicht
Die blühende Woge durchfurche.
Das Zeichen iſt gut!

Nun wollen wir sein nach der Legangel
                          forschen,
Die wir gestern, mit lockendem Köder
                          bespickt,
Zur Tiefe entschickt.
Schau, schau, die Schnur ist zum Grunde
                          gerissen,
Sie sträubt sich der Faust.
Zieh, Klausner, tüchtig und zieh, daß es
                          saust,
Ein Gewaltiger hat an den Haken gebissen.
Er blitzt und erglitzt,
Ein Haupt mit zähnegewaffnetem Schlund
Gähnt empor aus dem Grund ..
Hoiho! wanke nicht, Schifflein!
Verfluchter Unhold der Wassertiefe,
Silbergepanzerter Schuppenträger,
Gesichterschneidiger Bucker und Schläger,
Wer ist hier Meister,
Kreatur des Abgrunds,

Du oder ich?
Was schlägst du mit wuchtigem Schwanz
 wider mich?

Steh fest, mein schaukelnder, gaukelnder
 Kahn,
Ich habe mit größeren der Erde gerungen
Denn mit seinesgleichen.
Warte Gesell, man klopft dir den Kopf.

... Heia mit Gott! Nun ist er bezwungen,
Der Fisch der Fische,
Der köstlichste aller,
Ein schmackhafter Waller!
Kaum schlepp' ich zu Berg ihn, so drückt
 sein Gewicht.

O, Herr, du verlässest die Deinen nicht,
Du hilfst zu Lande und Wasser!

Gletscherfahrt.

Gletscherfahrt.

„Wo bist du gewandert, Falken-
　　　　schluchtklausner?
Lange entbehrten dein die Genossen,
Die Zelle stund schweigend und sorgsam
　　　　verschlossen,
Dem Dach entschwebte kein Rauch mehr."

„Des Thorsteins Geheimnisse hab' ich
　　　　begangen,
Die Wunder der Eiswelt sah ich erprangen,

Vernehmet, was ich erschaute.
Die Sohlen mit eisernen Spitzen bespickt,
Den Alpspeer fest in die Rechte gedrückt,
So hab' ich den höchsten des Hochlands
    erklommen.
Mir war, als würd' ich der Erde ent-
    nommen;
In Abgrundtiefe schwand Wiese und Wald,
Trotz blauenden Himmels umwehte mich
    kalt
Des Winters frostglitzernde Wildnis.

Erdsprengende Urkraft, die tobend einst
Sich Durchbruch schuf,
Hat Joch um Joch dort und Grat um Grat
Durcheinander gestürmt, aufeinander ge-
    türmt;
Pflanzenverlassen, eintönig und grau
Starren zerklüftet die kahlnackten Wände,
Selten von flüchtiger Gemse besprungen,

Spärlich umwohnt
Vom höhlenbenistenden Murmelbär.
Drüber wie lichtester Mondenglanz
Firnschneeumfangen, silbern erblitzend,
Ragen des Hochgebirgs Hörner empor.
Nimmer hat wärmende Sonne Gewalt,
Sie zu befrein von der frierkalten Decke,
Rückgeschollen prallt Strahl um Strahl
Ermattend dort ab,
Leise nur rührt er die Schneeumhüllung,
Leise erheben sich duftfeine Wölklein,
Wallend und webend,
Gaukelnd und schwebend,
Als des ewigen Schnees von der Sonne
 geweckte
Lustige Träume zum Äther empor.
Und als ein feinster durchsichtigster Schleier
Umzittern sie, flatternd im himmlischen
 Blau,
Des Bergesuralten weihehrwürdig Haupt.

Tiefer im Raum,
Wo von selten erstiegenen Gipfeln herab
Schluchten sich weiten zu Thale,
Siehe, da tritt in fremdneuer Gestalt
Der Schnee, der ewige, zu Tage:
Von Wasser durchträuft,
Von der Sonne mit schmelzendem Hauche
    beleckt
Und wieder von Nachtkälte frierend ge-
    streckt,
Wandelt er ganz sich zu Eise.
Prunkvoll und fest, einem Harnisch gleich,
Einem glänzenden Harnisch von edlem
    Metall,
Sprtzet des Ferners kristallener Schwall
Um des Bergriesen Brust sich und Rücken.
Er gemahnte mich an ein verzaubertes
    Meer,
Das im Sturmgewog
Von eines Gewalt'gen gewaltigem Anhauch

Wie mit magischem Schlage erstarrt ward:
Statt schäumend sich bäumenden Wechsels
der Wogen
Kommt's mit Blöcken und Riffen zu Thale
gezogen,
Ein abenteuerlich krauses Gestirr
Von Spitzen und Nadeln und Zackengewirr.
Statt Flutenhebung und Senkung erklafft's
Mit Schrunden und Tiefen und grimmi-
gem Spalt.
Weh dem steigenden Mann, der hinabsinkt!

Dort galt's. Der Alpspeer half waglichem
Sprung.
Über Risse und Spalten bin ich gedrungen,
Dem Bergmann gleich, den forschender
Trieb
Hinunter treibt in die Schachte.
Fürwahr, die Wandrung war schlüpfrig und
glatt.

Der Bergwasser milchweißen Abstrom ver-
   folgend,
Fand ich bald einen Ort,
Wo das Eis, geborsten in gähnender Kluft,
Zutritt gewährte der Neugier.

Eintrat ich und stund in kristallenem Dom.
Hoch wölbte sich drin, dem Erstaunten zu
   Haupt,
Ein Kuppelgewölb
Von reinster durchsichtigster Klarheit;
Wie Regenbogen und schimmernder Tau
In wechselnden Farben erspielend, vom Blau
Des lichten Azurs bis zu rötlichem Schein:
So hoben sich leuchtend durchleuchtet die
   Wände.

„Steh, Falkenschluchtklausner, falte die
   Hände,"
Sprach ich leise zu mir,

„Ein wunderſamer geſeyter Gebild
Haſt du, ſoweit du des Erdballs Rätſeln
Beſpähend nachgingſt,
Erwanderſt nicht, noch erritten."

Und ich ſtand, nicht erſtarrt, nur kühlfriſch
behaucht,
In des Widerſtrahls bläulichen Flimmer
getaucht,
Wie ein Längſtverſtorbener einſam im Eis.
Tiefunten entſtrömten die Bäche mit Rau-
ſchen
Und fernem Getös,
Doch um mich klang plätſchernd einſilbiger
Aufſall
Der deckenträufenden Tropfen.
Mählich, bei tropfendem Rauſchen und Rinnen
In der Eisſpalte innen,
Beflog mir die Seele ein ſeltſames Sinnen,
Das Auge verlor ſich in bläulichem Glanz.

Mir ward, als schwebten in wallendem
         Tanz
Gestalten, kaum sichtbar, spaltauf und
         spaltnieder,
Eisjungfrauu. Ich vernahm ihre
         Lieder:

„Wir sind die alten, die kalten, die
         bleichen,
Hausen in stummen, kristallenen Reichen,
Komm und erlös uns, Muspilli.
Urzeitnotwendigkeit hat's einst geordnet,
Daß wir mit des Eises erhaltender Kraft
Am Wachstum der werdenden Erde ge-
         schafft,
Auf daß für der Zukunft kampfliche Werke
Im Harnisch schlummernd die Kräfte sie
         stärke.

Gebrochen ist längst unsre Macht, unser
Recht.
Ein entthrontes, nicht mehr gekanntes
Geschlecht
Sind wir, die einst auch die Flächen be-
herrscht,
Herauf in die Wildnis geflüchtet.
Hier wirken und spielen die letzten von
uns
In schwer zugänglicher Höhlen Asyl
Ihr uralt eisbildend Tagwerk und Spiel,
Auf daß ein weniges bleibe als Mal,
Als Zeugnis und Gleichnis entschmolzener
Zeit.

Erkenne, o Mensch,
Der du, verflognem Schralhuhn gleich,
Zu uns dich verirrt:
Daß euer Geschlecht gedeihe heran,
Hat das unsere einst seine Arbeit gethan,

Und nicht ohne Leid
Sehn wir euch schalten, bald wild, bald
          mild,
Sehen euch lachen und weinen und lieben
Im eisbefreiten umgrünten Gefild.

Nun hebe dich weiter, sterblicher Mann,
Verweile nicht staunig in unserem Bann,
Beseelter Odem ist Gluthauch für uns.
Mehr denn wir gilst du in der Welt,
Solange dein Herz sich zu Gott gekehrt
          hält."

. . So aus erblauender Schründe Ge-
          heimnis
Summte die leise, fremdseltene Weise.
Frierend fror Frost durch das Toden der
          Kutte,
Des Rückzugs dacht' ich, unheilbesorgt.
Fürwahr es that not, zu sputen den Schritt,

Denn auf den Kanten der schneeigen
  Wächte,
Wo sie die Bergwand schief überragen,
Einem Schildrand vergleichbar, silberbe-
  schlagen,
Hatte mit streifendem Anschlag der Flügel
Glatthingewehten, feinkörnigen Firnstaub
Ein Adler zerwirbelt und abgelöst.
An den sinkenden Abrutsch drängte sich
  pfeilschnell
Flocke um Flocke, Körnlein um Korn;
Schwellend erwuchsen die Massen zu Stäub-
  chen,
Rollten und rauschten, brachen sich Bahn,
Wälzten in Kluft sich und Spalten voran
Und losten, ein fliebender Giesbachfall,
In trockenem windsbrautgetragenem
  Schwall,
Durchschimmert von sonnigem Strahle
Als Staublawinen zu Thale.

Polternd umkrachte ihr Absturz das Hoch-
    land,
Krachte und lachte, die Schluchten durch-
    schütternd,
Siebenfältig im Wiederhall, —
Grollte und rollte
Dumpf und dumpfer —
Sprang — und verklang.

Mich aber hüteten schirmende Heil'ge,
Unzerdrückt entkam ich. Und siehe,
Eh' ich den fliehenden Rücken gekehrt
Der farbenschimmernden Feyenpracht
Und all den Gefahren des Eismeers,
Trat durch geheime Gedankenverkettung
Ein ander Bild aus anderer Heimat
Erinnerungsfrisch vor die Seele:

Eines Kindes Antlitz winkte mir wieder,
Das ich einst auf dem Arm der säugen-
    den Mutter

Zu Regensburg schaute im Münster.
Verklungen war damals der Antiphon
Sonntäglicher Vesper, Orgel und Schall;
Psalterzuklappend hob sich im Chor
Der Domherrn Schar und bewegte sich
                                    heimwärts;
Ich aber als Bischof und Oberhirt
Schritt weihbrunnsprengend und segnend
                                    den Hauptgang
Des Langschiffs hinab zum Portale.
Dort im Schatten vielgliedriger Säulen
Kniete ein schmucklos Weib aus dem Volk,
Ihr Kind auf dem Arm.
Und siehe! das Kind, die Händlein gefaltet,
Schaute mich an, zweimal und dreimal,
Und lächelte mild ... es schwang sich sein
                                    Blick
Aus grundklarer Tiefe der jungen Seele
Schweigend beredt in die meine.

Jenes Auges mußt' ich gedenken
Und seiner herzwärmend unschuldigen Kraft,
Da ich, von fernen Lawinen umdonnert,
Durch Trümmerhalden bergabwärts mich
            schwang.
Und noch dacht' ich des lächelnden Kindes,
Des Angesichtleins voll Menschengüte,
Als schon des Hochthals Schneeurgroßvater
(Wie das Bergvolk scherzend den Gletscher
            getauft),
Gleich einem Toten steinwandumsargt,
Weit hinter mir lag, samt dem Bahrtuch
            von Schnee.

Vor mir, ein Gruß aus den Reichen des
            Lichtes,
Hub sich zu Füßen, wo kaum erst das Eis
            schmolz,
Pflanzenwuchs, der spärlich erste
An der Grenzmark ewiger Starrheit.

Moose und Flechten begannen zu gilben,
Zwergfichten lüpften ihr krüppliges Ast-
            werk
Mühsam vom Boden, den sie umkriechen,
Und rings erblühten, mit denen den Hut
Gern die Sennerin schmückt und das
            Mieder der Brust,
Myrtillen, zierliches Heidekraut,
Jochrauten, Steinbrech und bläulicher
            Speik
Und die schmuckste von allen, die blätter-
            rauhe
Dornlose Rose der Alpen.
Schmetterlingvolk schwärmte, und Bienen,
Grillen selbst hatten so hoch sich verstiegen
Und zirpten ein sonnebegrüßendes Lied.

Und ich spürte der Schöpfung wärmeren
            Odem,
Und wie mit Stimme des lächelnden Kindes

Sprach es in mir nach der Eisfeldbe-
fahrung:
Gott ist das Leben,
Gott ist die Liebe!

Heimkehr.

Heimkehr.

Das Jahr geht zur Neige mit frie-
               rendem Graus,
Nun schirmt uns nimmer das Holzstamm-
               haus,
Eiszapfen umflirren das Dach schon.
Abträufend Getropf vom Deckengebälk
Bricht schlafenden Männern den Schlummer.
Auf, Siedelgenossen, und räumet die Schlucht,
An des Abersees wettergeschützterer Bucht
Suchen wir Bergung und Obdach.

Das war's, was gestern der Himmel uns
 wies.
Unheimlich Gewölk, grauschwärzlich und
 dicht,
Ballte und knaulte sich fest ob dem See
Und wich nicht mehr.
Und was der Windmonat selten uns bringt,
Was sonst nur des Sommertags Schwüle
 gelingt,
Ein spät Gewitter, ein Schneegewitter,
Entlud sich daraus.

Das war's, was der Wolken blaufeuriges
 Leuchten:
Kaltschimmernd sie glastig durchhüpfender
 Blitz,
Der nirgend gezündet,
Das war's, was der rollende Donner ver-
 kündet:
König Winter fiel in das Alpenreich ein

Und schüttet mit allfreigebiger Hand
Frau Holdas Flocken auf Triften und
 Land.

Wie anders denn gestern in herbstgoldnem
 Schein
Schaut heute Hochland und Ferne darein!
Derweil wir schliefen, ist Unfug geschehn.
Ist's erlaubt, Herr heimlich gekommener Gast,
In einer Nacht eine solche Last
Vor unsere Thüre zu blasen und wehn?
So kniehoch gehäuft und getürmt ist der
 Guß,
Daß Schaufel und Hacke geschwungen sein
 muß,
Bis vor der Klause Bestand wird dem Fuß.

Hei, Berge und Thal, verwandeltes Bild!
Im Tannenwald, der unsre Felsschlucht um-
 säumt,

Hat jedes einzelnen Baumes Stamm
Ein neu Gewand um die Äste gelegt.
Eisnmnadelt, beschleiert und weiß
Blinkt, fein überhaucht von strahligem Reif,
Ihr sonstig finstergrün Dunkel.

Begraben seufzt die entblümte Alm,
Vereinsamt strebt nur ein schlankerer Halm,
Ein hölzer Gesträuch
Aus starrer Todesumhüllung empor
Und wiegt sich frierend im Winde.

Und du, o See,
Der uns, die Waldnacht durchschimmernd,
so oft
Mit deines Spiegels Smaragdschein gelabt,
Was geschah mit dir?
Unwillig, einem Verdrossenen gleich,
Als wolle erlöschend für immer zergehn
Deines Auges seelenvoll feuchter Glanz,

Starrſt matt du herauf, grauſchmutzig und
trüb,
Und weigerſt uns ganz
Den Anblick jenſeitiger Gipfel.

Sind ſie entflohen, ſind ſie verſunken,
Die ſteilen Häupter, die ſtrengen Herrn,
Der Sperber, die Bleechwand, der Ret-
tenkogl,
Das Hoheſeld und die andern all? Ich
ſehe ſie nicht.
Als Antwort pfeift dem fragenden Mann
Ein dicht Geſtöber, ein Flockenſturm,
Feinkalt um das Haupt
Und ſcheucht ihn zurück in die Klauſe.

Hei, wie das wettert und windet und ſtürmt!
Durch Luken und Ritzen des Häusleins weht
Feinrieſelnd und ſchneidig das eiſige Korn.
Das Dach erknarrt. Tag ſchwindet in Nacht,

Schwerfinster Gewölk, vom Winde gefacht,
Drängt abwärts zum See:
Es wird ihm die Fluten ersticken mit
    Schnee,
Es wird den Heitern zerdrücken.

Ihr Freunde, nun ist unsre Stunde ge-
    kommen.
Nun sonder Säumen den Abschied ge-
    nommen
Von dem, was hier oben uns freute!
Wir trotzen ihm nicht, dem gewaltigen
    Dränger,
Der Kluge giebt nach.
Schon lange vor uns hat der Alpensenn
Mit settgeweideter Rinderschar
Die Höhen geräumt . . .
Auch er trat ungern die Thalfahrt an,
Des Alphorns Reigen, der Heerkuh Geläut
Klang minder froh denn im Frühling.

Auf, reibet die frierenden Hände euch warm
Und rafft unser weniges Zellengerät
In den Tragkorb, der euern Rücken belädt!
Die Bücher, den Psalter, das kostbarste
    Gut,
Des Einödkirchleins geringe Zier
Trag ich selber, sorglich in Tücher gehüllt
Und wohlverpackt in dem Waidsack von
    Fell.

Nun, Ziegenschar, aus dem Gaden herfür!
Heidrun und Hetel, Mundi und Specht,
Scheck, Walti, Zindel und wie ihr all
    heißt,
Mutwilliges, munteres, stoßlustig Volk,
Salzbettlerin du,
Laulmecherin du,
Und ihr, schwarzzottiges Brüderpaar,
Die wir nach den Böcken an Donars Ge-
    fährt

Zahnknisterer und Zahnknirscher* benannt,
Ihr habt euch gedeihlich bergan geweidet,
Auch euer harrt nach der Freiheit Genuß
Der magere Tag im Winterstall.
Seht zu, wie ihr dort euch behelfet. —

Fahr wohl, stillheiteres Alpenthal!
Empfah' unsern Segen, Höhlengeklüft,
Weltferner Andacht Zeuge und Ort,
Empfah' unsern Segen, du Falkenstein,
Sei befohlen der Obhut des Herren!

Und du, mein sichtengezimmertes Haus,
Föhnumblasen, falkenumschwebt,
In dem wir, entrückt allem Falsch und Arg,

* Tanngniostr. Tanngrisnir.
    Heidrun, die Himmelsziege in Heervaters Saal,
die täglich ein so groß Gefäß Meth giebt, daß alle
Einherier vollauf zu trinken haben. Edda.

Getreu uns selber und Gott gelebt:
Steh fest im Schneesturm, im Tauen des
                                    Grunds,
Im felswandentträufenden Bachguß.

Harr aus, harr aus, du mein Waldes-
                                    palast,
Treuliebste Freistatt der Wildnis.
Ausspreit' ich die Hände:
Gesegnet seien Grundveste und Dach,
Gesegnet alle vier Wände.
Fern bleibe gespenstigen Bachvolks Spuk,
Unsichtbar unheimliches Mondscheingelag
Teistanzender Elfen und Zwerge.
Harr aus die winterlang schweigende
                                    Zeit,
Nur von fliebender Flocken Getümmel be-
                                    sucht
Und ahnungsuchenden Raben.

Du warſt unſer Zelt, unſer Gotteshaus.
Nun löſchen das Feuer des Herdes wir aus
Und laſſen verwaiſt dich und einſam.
Doch am wärmenden Ofen denken wir dein,
Und mit dem erſten lenzwinkenden Schein,
So Gott will, kehren wir wieder!